L'hort urbà

Manual de cultiu ecològic als balcons i terrats

Colecció «L'art de viure»

Josep M. Vallès

L'hort urbà
Manual de cultiu ecològic als balcons i terrats

Pròleg de
Bigas Luna

Ediciones del Serbal

Ediciones del Serbal

Tarpuna
Iniciatives sostenibles

Coordinadora editorial: Noelia Riaño.
Portada i dibuixos: Leo Aguilar; Francesc Danés, pàg. 226.
Fotografies: Josep M.ª Vallès i Ariadna Trías; Jesús Gabaldón, pàg. 23 (estomes); Roser Ylla, pàg. 122; Ana Maria Lobató García, pàg. 141; Jordi Vidal, pàg. 221; i Núria Cuch, pàg. 225 (míldiu).

Primera edició: abril de 2007
Sisena reimpressió: juny de 2010

C/ Francesc Tàrrega, 12 - 08027 Barcelona
Telf. 934 080 834 - Fax 934 080 792
Correu electrònic: serbal@ed-serbal.es
www.ed-serbal.es

Imprès a Espanya
Impressió: Gràfiques Soler
Dipòsit legal: B-22339-2010
ISBN: 978-84-7628-570-1

A la Yachai Wasi i al Mariano Arismendi

Agraïments

Al Pere Alvarado Crosas, per les seves aportacions sobre les varietats d´hortalisses i els seus cicles de cultiu.

A la Núria Cuch Arguimbau, per les seves apreciacions en els temes de compostatge i abonat.

A la M.ª Pilar Serrat Guillaume, per compartir amb mi la seva experiència en agricultura ecològica.

A l´Olga Balcells Goula, per la seva crítica constructiva.

A la Maria Helena.

I al Col·legi Oficial d'Enginyers Agrònoms de Catalunya.

Cada cop que penso en un hort, en el meu hort, penso en Guillem Ferrer, en Gaspar Caballero de Segovia i en Jordi Bigues, el meu cosí. Ells m´han descobert un món proper, immediat, que fa tocar els peus a terra i els hi enfonsa. En Guillem em va convèncer que fes un hort recordant-me aquell poema xinès que diu: «Si vols ser feliç una hora... emborratxa´t. Si vols ser feliç un dia... mata el teu porc. Si vols ser feliç una setmana... fes un bell viatge. Si vols ser feliç un any... casa´t. Si vols ser feliç tota la vida... conrea un hort.»

En Gaspar, amb tots els seus estris, es va desplaçar fins al tros, la finca aparentment erma on ara llueix el meu hort en el seu descans hivernal. I en Jordi em va donar tots els seus contactes i totes les seves reflexions per a començar el camí; i me´ls va donar tot passejant.

Quan t´inicies en la tasca de fer un hort, t´inicies també en entendre la vida. Per a mi, aquesta tasca, s´ha convertit en quelcom fonamental. No només pel que fa a les viandes que culls de l´hort, que és prou important, sinó també com a forma de vida i de treball. Gràcies a l´hort he après a treballar, he après a esperar, he après a tractar la gent d´una manera diferent. Joan Miró, a qui admiro molt, parlava dels seus quadres com si fossin carxofes o enciams. A mi em passa el mateix. Extrapolo l´hort al cinema, i si estic fent una pel·lícula amb actors joves, els comparo amb les llavors i tot té el seu procés i el seu temps...

Estic aprenent molt amb el meu hort, i la meva vida millora cada dia.

Fa uns anys vaig proposar que l´asfalt del Passeig de Gràcia de Barcelona es convertís en un hort i, mitjançant un fotomuntatge, mostrar com podria ser i com, en un futur, apreciaríem més aquest ús del sól que la circulació dels vehicles. Després vaig descobrir el sistema de l´hort urbà que vaig utilitzar en una exposició a Madrid, la fira Arco, i en una altra del FAD, a Barcelona. Poc abans havíem pres imatges de com es fa un hort al projecte Nodrir, que va acollir la Fundació Miró de Barcelona amb motiu de l´any del disseny i que va ser inspirat i dirigit per en Jordi. Allà, en Gaspar, autor del sistema d'horticultura «Parades en crestall», em va oferir totes les seves habilitats per poder fer un hort prop de casa. I el que semblava tan sols una idea es va convertir, en poc temps, en una ferma realitat. Tot ha esdevingut rodat. Després vaig muntar la meva exposició «Llavors» amb quadres que rememoren llavors i acompanyats dels seus textos corresponents, l'autor dels quals és Jordi. Aquesta exposició ha estat presentada a diferents ciutats. D'aleshores ençà les collites s'han anat produint i els problemes propis del dia a dia a l'hort s'han superat amb solucions imaginatives i, fins i tot, sorprenents. Tot un laboratori.

Quan vaig començar no n'hi havia de llibres com aquest. És veritat que hi havia manuals molt valuosos, i encara ho són, però aquest està fet a mida de les persones que volen conrear al medi urbà, en balcons i terrasses i que disposen de pocs coneixements. Benvingut sigui. Recull una experiència pràctica dilatada i compartida. És valuós.

Bigas Luna

Aquest llibre intenta, des d´un punt de vista pràctic, donar unes pautes bàsiques per a qui vulgui cultivar una hortalissa en un balcó o terrat. Està pensat per a persones sense cap mena de coneixement sobre plantes o horticultura, perquè puguin començar des de zero aquesta apassionant activitat de produir aliments al balcó de casa seva.

Partim de l´explicació de la fisiologia de les plantes des d´un punt de vista molt senzill per ajudar a comprendre millor les raons que hi ha al darrere de les recomanacions i de les tècniques proposades. Més endavant trobareu tots els aspectes que cal tenir en compte per a la instal·lació, el maneig i la planificació de l´hort al balcó. Les recomanacions per produir compost i per controlar les plagues de les plantes completen la informació del llibre. També hi trobareu una descripció detallada de les hortalisses que s´adapten al cultiu en recipients i dels aspectes que cal tenir en compte per cultivar-les en balcons o terrats.

Totes les recomanacions del llibre són la conseqüència de molts anys de practicar l´agricultura en un terrat de Santa Coloma de Farners, a la província de Girona. Això dóna un valor especial al llibre, però l´agricultura no és una ciència exacta i, per tant, és possible que el lector hagi d´adaptar les recomanacions de cultiu a les condicions particulars del seu balcó o terrat. El llibre pretén ser una invitació a començar aquesta petita aventura d´experimentació i aprenentatge.

Al final del llibre, trobareu un apartat de recursos a Internet amb referències de diverses pàgines web on podreu aprofundir alguns aspectes i aconseguir molts dels elements necessaris per instal·lar un hort al balcó.

Un petit glossari al final intenta fer més entenedors per als principiants alguns dels conceptes tècnics que s´exposen al llibre.

QUÈ ÉS UN HORT URBÀ?

El cultiu d´hortalisses al balcó forma part del que s´anomena horticultura d´oci, que consisteix a portar a cap una activitat agrícola productiva però amb l´objectiu principal de realitzar una activitat lúdica. Majoritàriament són usuaris d´horts d´oci persones o col·lectius sovint de ciutat: jubilats, escoles, persones amb discapacitats o persones amb sensibilitat respecte al consum de productes ecològics. La majoria d´horts d´oci estan situats en zones urbanes o properes a les ciutats, sovint en petits jardins o parcel·les abandonades. Un exemple amb molt d´èxit són els horts per a jubilats del Servei de Parcs i Jardins de l´Ajuntament de Barcelona, finques que han estat dividides en petites parcel·les de 100 a 200 m^2 que es cedeixen a jubilats per períodes de 5 anys.

Parcel·les de l'Ajuntament de Barcelona.

L´hort d´oci fet a les ciutats és el que s´anomena genèricament un hort urbà. Els horts urbans de les ciutats són molt diversos ja que s´han d´adaptar a un entorn que no ha estat pensat per a aquesta activitat. Sovint han d´aprofitar petits espais abandonats o degradats i han de buscar solucions a les condicions inhòspites de la ciutat com la manca de llum, la terra de poca qualitat, la contaminació o el vandalisme. L´exemple més paradigmàtic d´un hort urbà és el que ens ocupa en aquest llibre: l´hort en un balcó o en un terrat d´un edifici.

Els criteris que condicionen la gestió d´aquests horts d´oci són diferents dels de l´agricultor professional. Per a l´agricultor professional és fonamental gastar el mínim de mà d´obra perquè la seva explotació sigui rendible. En canvi, a l´hort d´oci el temps dedicat a cultivar esdevé un valor en si mateix fins al punt que, en alguns casos, com els horts per a jubilats, com més temps se´n pugui ocupar, millor.

Residència d'ancians.

La productivitat en aquest tipus d´activitat passa a segon terme i queda condicionada a d´altres criteris de valor, com és la producció per a l´autoconsum, o sigui, diversitat en la producció, la utilització de tècniques de cultiu ecològic o el valor didàctic de l´activitat. Aquestes diferències entre l´agricultura professional i l´agricultura d´oci sovint no són tingudes en compte i els usuaris d´horts d´oci acaben copiant els sistemes de producció de l´agricultor professional sense plantejar-se el perquè del sistema de cultiu i altres maneres alternatives de fer el seu hort.

Durant els nombrosos cursos i mitjançant l´assessorament que Tarpuna realitza des de fa anys s´han detectat dificultats que sovint no s´havien tingut en compte:

- Per a un habitant de ciutat cultivar hortalisses representa un canvi de costums força radical ja que està acostumat a que tot sigui fàcil i automàtic, en canvi ara es troba davant d´un repte que requereix una bona dosi de dedicació i autoaprenentatge.
- L´urbanita està acostumat a comprar hortalisses a qualsevol època de l´any, sovint no té cap coneixement sobre el moment de sembra o collita, el cicle o les feines de cultiu.
- Al començament costa observar les plantes: diferenciar una fulla verda d´una fulla malalta de clorosi o un brot vigorós d´un brot que no ho és. Malaurada-

ment l´entorn urbà i l´ensenyament a les escoles sovint no facilita el desenvolupament de la capacitat d´observació de la natura.

A les persones que han viscut sempre en ciutats, a vegades els costa apreciar els canvis estacionals, que no perceben en relació amb la natura i amb els canvis en el creixement de les plantes. Dit d´una altra manera, l´estiu és l´època de les vacances i no l´època de plantar tomaqueres.

La societat de consum ens ha fet impacients. Tenir cura del cultiu i esperar la collita esdevé un canvi radical en la mentalitat de l´urbanita, que està acostumat a anar a la botiga i comprar la verdura que necessita de manera immediata. Cal acompanyar l´usuari en el procés de previsió de les sembres i trasplantaments.

Malgrat aquestes dificultats, en la majoria dels casos aquestes mancances es superen amb una gran dosi d´entusiasme.

PER QUÈ UN HORT AL BALCÓ?

Molta gent ha provat alguna vegada de plantar un enciam, una tomaquera o qualsevol altra hortalissa en un test. La majoria de vegades aquest petits experiments casolans no han assolit l´èxit esperat. Com és lògic, hi ha força diversitat en els motius que porten una persona que viu a ciutat a començar a cultivar en recipients. A continuació exposem algunes de les raons que porten l´urbanita a dedicar el seu temps a aquesta activitat:

- Fer un hort al balcó és una diversió. Acostumats a l´espai gris de la ciutat, ens permet crear un petit espai verd i quotidià que podem visitar cada dia en tornar de la feina.
- És una activitat creativa, podem provar noves plantes, varietats, adobs o recipients. No surt mai igual perquè hi ha molts factors que influeixen en el resultat i sempre hi ha alguna cosa nova a provar.
- No se´n sap mai prou ja que és un aprenentatge continuat amb l´experiència any rere any que no té preu.
- És una il·lusió, especialment quan aconseguim èxits importats, que són el fruit d´uns quants mesos de tenir cura de les plantes.
- Els minuts que es dediquen cada dia a observar l´hort i tenir-ne cura esdevenen una activitat relaxant que disminueix l´estrès, fins al punt que algunes empreses s´han plantejat la instal·lació d´un hort de balcó per millorar el rendiment dels treballadors.
- Ens permet gaudir d´un producte que sabem del cert com ha estat produït, que no té residus de plaguicides i que ha estat adobat amb productes ecològics.
- Permet gaudir de la collita en el seu punt de maduració òptim per al consum. El gust de les hortalisses collides madures i consumides pocs minuts després és molt millor que el de les que estem acostumats a comprar a la majoria de botigues.

Els diferents usuaris comparteixen les experiències i els aprenentatges, assisteixen a cursos i estableixen nous lligams socials.

La producció de l´hort pot arribar a ser significativa per a l´autoconsum d´una família.

La festa de la calçotada urbana aplega cada hivern els horticultors urbans de la ciutat de Barcelona.

Sense pretendre fer un tractat teòric del funcionament de les plantes, és interessant recordar alguns aspectes bàsics de la fisiologia vegetal que ajuden a decidir millor els aspectes fonamentals del maneig de l´hort urbà com són el reg, l´adobat o la situació del recipient.

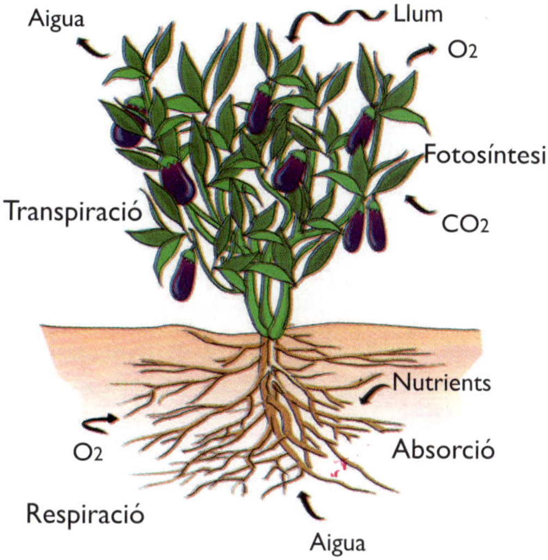

LA FOTOSÍNTESI

És la funció més característica dels vegetals. La realitzen les parts verdes de la planta, especialment les fulles. Es tracta de produir matèria orgànica i oxigen (O_2) a partir del diòxid de carboni (CO_2), l´aigua (H_2O) i nutrients minerals. Per realitzar aquest procés, la planta utilitza l´energia de la llum del sol.

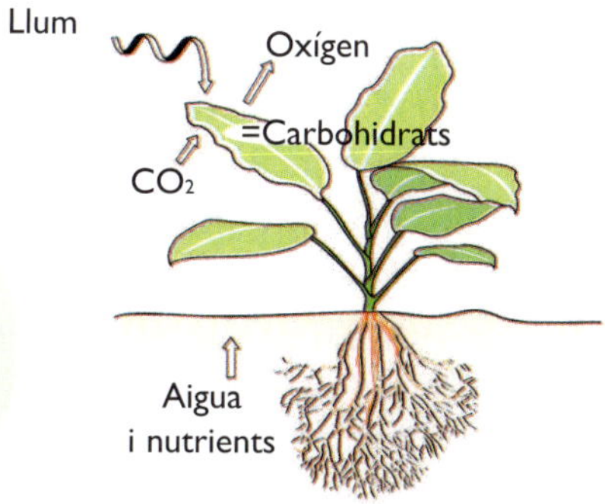

$CO_2 + H_2O$ + Llum + nutrients $\longrightarrow$ Matèria orgànica + O_2

Aquest procés és el contrari del que fem quan respirem ja que consumim matèria orgànica i oxigen per produir energia. L´equilibri entre el consum d´oxigen i la producció de CO_2 és vital per al manteniment de l´ecosistema de la terra. En el darrer segle aquest equilibri s´ha vist alterat degut al consum d´energies fòssils que desprenen molt CO_2 a l´atmosfera i també per la disminució dels boscos. El trencament d´aquest equilibri ha estat la causa principal de l´anomenat efecte hivernacle.

Per tant podem fer la similitud entre una planta i una central solar, ja que les dues capten l´energia del sol i la transformen. En el cas de les plantes, aquesta transformació dona lloc a matèria orgànica que la planta utilitza per créixer. Els captadors solars de les fulles són unes molècules molt característiques dels vegetals, les clorofil·les. Les clorofil·les són de color verd i, per tant, són les causants que la majoria de fulles de les plantes tinguin aquest color.

Així doncs, les plantes necessiten la llum del sol per créixer, però a la natura hi ha plantes que s´han adaptat a viure en situacions de poca llum, són les que s´anomenen plantes d´ombra, com les que solen desenvolupar-se sota els arbres dels nostres boscos. Les plantes d´ombra solen tenir les fulles més grans i molta clorofil·la, que els dóna un color verd més fosc. Aquestes adaptacions ajuden a que la planta pugui absorbir més radiació solar.

Però, en general, totes les hortalisses són plantes de ple sol i, per tant, necessiten que la llum solar incideixi directament damunt les seves fulles un nombre d´hores mínim. En una situació de poca llum, l´hortalissa s´adapta fent les fulles més grans i amb un color verd més fosc, com si fos una planta d´ombra. Però si la manca de llum és excessiva, pot comportar que la planta no sigui capaç de produir fruit o que faci flor prematurament. La falta de llum pot desorientar l´horticultor novell, ja que l´aspecte de la planta sol ser molt frondós, amb fulles grans i d´un color verd intens que dóna la sensació que la planta és esplèndida, però la collita resulta minsa o, fins i tot, inexistent.

LA RESPIRACIÓ

Com totes les cèl·lules vives, les cèl·lules vegetals necessiten energia per créixer i fer les seves funcions. Aquesta energia l´obtenen de la combustió de la matèria orgànica amb l´oxigen, de manera inversa al que fan amb la fotosíntesi. Per tant, els vegetals també consumeixen oxigen. El que passa és que la quantitat d´oxigen gastat en la respiració és molt menor que el produït durant la fotosíntesi. Diem, per tant, que els vegetals són productors nets d´oxigen i matèria orgànica.

Les cèl·lules verdes de la planta no solen tenir dificultats per trobar oxigen per respirar, ja que elles mateixes en produeixen i a l´atmosfera n´hi ha de sobres. En el cas de les arrels, però, és diferent. Les arrels no fan la fotosíntesi i, per tant, no produeixen oxigen i l´han de trobar en els petits espais existents entre les partícules del sòl. Però si el sòl està ple d´aigua o molt compactat, les arrels no poden trobar aire. La manca d´oxigen a l´arrel és molt perjudicial ja que sense respirar, o sigui, sense energia, no pot créixer i no pot absorbir aigua ni nutrients.

Fulles de ceba marcides per falta d'oxígen.

Quan l´arrel d´una planta no pot respirar diem que té asfíxia radical i els símptomes que presenta són similars a la falta d´adob, ja que no pot absorbir els nutrients, les fulles són de color groguenc i l´arrel es podreix i s´arrenca amb facilitat.

L´ABSORCIÓ DE NUTRIENTS

Les arrels capten l´aigua que hi ha al sòl i al substrat a través dels pèls radicals, que són cèl·lules que formen arreletes molt fines. L´absorció d´aigua requereix energia per part de l´arrel i, per tant, respiració. En aquesta circulació, l´aigua porta nutrients dissolts que seran necessaris perquè la planta pugui créixer i realitzar les seves funcions. Aquests nutrients dissolts són majoritàriament molècules minerals.

Alguns d´aquests nutrients són necessaris per a la planta en molta quantitat, com és el cas del nitrogen, el potassi, el fòsfor, el calci i el magnesi. Són els que es coneixen com a macronutrients. Altres, els micronutrients, són necessaris en molt poca quantitat. És el cas del ferro, el manganès, el molibdè, el bor, el zenc i molts d´altres que són necessaris en quantitats quasi inapreciables (traces). Malgrat que són necessaris en molt poca quantitat, la deficiència d´un sol d´aquests micronutrients provoca que la planta es posi malalta i creixi menys del normal.

LA TRANSPIRACIÓ

La transpiració és la pèrdua d´aigua de la planta i es dóna majoritàriament a través de les fulles. A la vegada que la planta perd aigua (H_2O) en forma de vapor, també allibera l´oxigen (O_2) fabricat durant la fotosíntesi i absorbeix diòxid de carboni (CO_2). La transpiració comporta un intercanvi de tots aquest gasos entre la planta i l´atmosfera.

Totes les cèl·lules de la planta poden perdre aigua però la major part de la transpiració es produeix a través d´unes obertures anomenades estomes que es troben al revers de les fulles. Els estomes estan formats per dues cèl·lules en forma de mongeta que solen estar obertes i es tanquen si a la planta li falta aigua i li cal disminuir la transpiració.

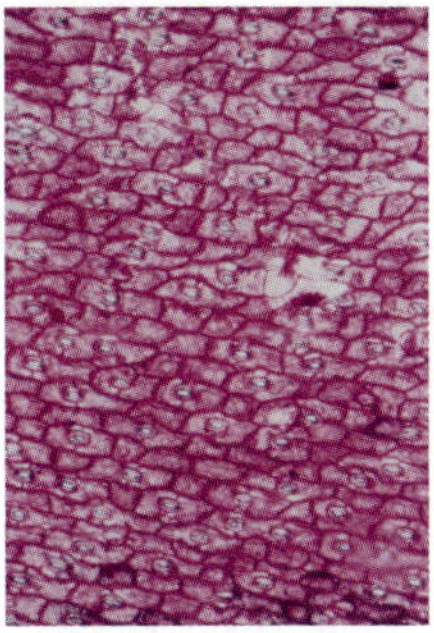

Fulla de ceba a 200 aments.

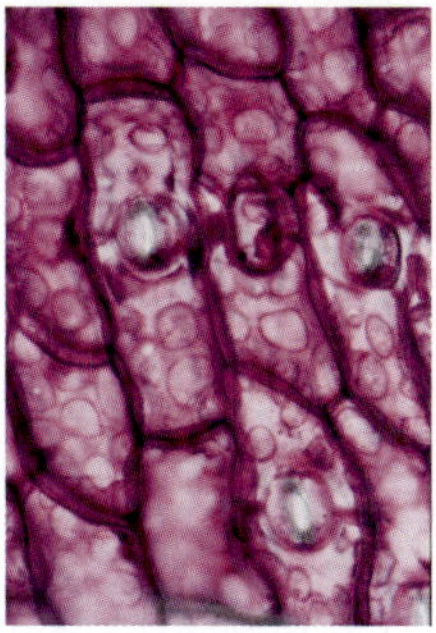

Amb més aments s'aprecien els estomes.

Si la planta pateix falta d´aigua durant unes hores, diem que pateix estrès hídric. Llavors, la planta tanca els estomes i aconsegueix disminuir la transpiració. Malgrat això, la planta pot seguir perdent aigua fins que es marceix. El marciment és degut a la pèrdua de la turgència, que és com un desinflament de la cèl·lula degut al poc contingut d´aigua. Si la planta arriba a marcir-se vol dir que fa massa temps que pateix la falta d´aigua.

L´estrès hídric és una situació perjudicial per a les plantes de l´hort, ja que alhora que disminueix la transpiració també disminueix l´entrada de CO_2, necessari per realitzar la fotosíntesi. Així doncs, si la planta tanca estomes perquè no té aigua, tampoc pot realitzar la fotosíntesi i, per tant, no pot créixer.

Planta marcida per falta d'aigua.

L´aigua transpirada també fa disminuir la temperatura de les fulles, de la mateixa manera que la suor ens refresca als humans. Per tant, una planta amb estrès hídric també està sotmesa a un excés de temperatura que la perjudica i pot arribar a cremar les fulles.

L´EQUILIBRI ENTRE L´ARREL I LA PART AÈRIA

A grans trets es pot afirmar que la part aèria i la part subterrània de la planta tenen funcions complementàries. Les arrels s´encarreguen d´absorbir aigua i nutrients i les fulles perden l´aigua mitjançant la transpiració i utilitzen els nutrients absorbits per créixer. Les parts verdes de la planta són les que realitzen la fotosíntesi i, per tant, són productores netes d´oxigen i matèria orgànica, mentre que les arrels són consumidores d´oxigen i matèria orgànica, ja que necessiten energia per créixer i per al procés d´absorció. Per tant, és lògic pensar que una planta necessita un equilibri entre les arrels i les fulles. Una planta amb poca arrel i molta fulla no és capaç d´absorbir tota l´aigua que necessita i es deshidrata. Per altra banda, a una planta amb moltes arrels i poca part aèria li faltarà fotosíntesi i li sobrarà capacitat d´absorció.

La planta té uns mecanismes interns per mantenir aquest equilibri entre arrels i fulles. Per exemple, quan se li tallen moltes branques reacciona amb un creixement molt intens que li permet recuperar l´equilibri ràpidament. Aquest efecte es pot observar fàcilment en alguns arbres dels carrers, que s´esporguen molt intensament a l´hivern i a la primavera fan uns brots molt vigorosos anomenats llucs o rebrots. També les hortalisses reaccionen així quan s´esporguen intensament.

En el cas d´una planta que no pot desenvolupar l´arrel, el creixement de les fulles i els brots quedarà limitat. Això és un efecte força habitual en plantes que han viscut molt de temps en un mateix recipient i que ja no els permet fer arrel nova. Malgrat que reguem i adobem bé el substrat no aconseguim que creixi tan bé com el primer any, quan la vam trasplantar a un recipient més gran.

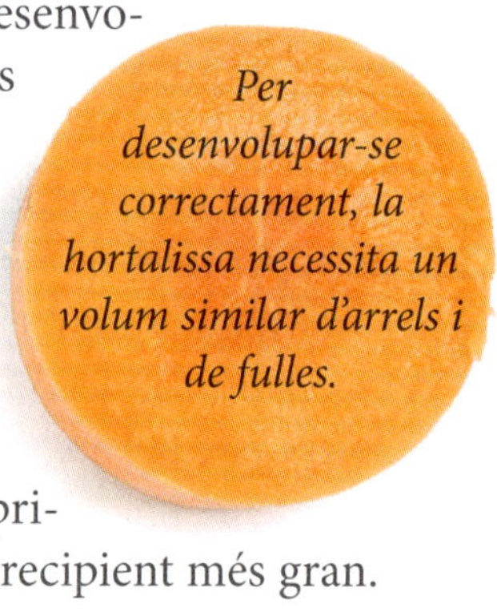

DIFERÈNCIES ENTRE EL CULTIU EN RECIPIENTS I EL CULTIU A TERRA

Les plantes de l´hort es desenvolupen normalment a terra. Tot i que hi ha molts tipus de sòls, alguns més bons i altres no tant, en general el sòl és un medi idoni per desenvolupar-se i trobar l´aigua i els nutrients necessaris per al creixement. En el cultiu en contenidors substituïm el sòl per un recipient que omplim amb un material que anomenem substrat.

El cultiu en un test, jardinera o qualsevol tipus de contenidor, en general pot provocar algunes dificultats a la planta, ja que no es tracta del medi natural que li és propi. Les diferències més importants entre el cultiu a terra o el cultiu en un test són les següents:

- *Menys volum de terra*: les arrels tenen menys espai per créixer. Quan l´arrel es trobi amb el límit inferior del recipient es veurà obligada a créixer horitzontalment. En testos petits l´arrel creix donant voltes en forma d´espiral, és el que s´anomena espiralització de les arrels.
- *Menys reserva d´aigua i nutrients*: el menor volum de terra pot provocar que hi hagi menys quantitat d´aigua i nutrients disponibles per a la planta.
- *Desequilibri entre la part aèria i la part subterrània*: si l´arrel no es pot desenvolupar amb normalitat, la

planta disminueix el seu creixement per evitar el desequilibri entre arrels i fulles. Malgrat que reguem i adobem la planta, aquesta pràcticament no creix i no fa fruit.

- *Temperatures més extremes*: a l´estiu, els recipients o contenidors s´escalfen més que el terra. A l´hivern, en canvi, es refreden més ràpidament. Diem que tenen menys inèrcia tèrmica, la qual cosa pot perjudicar la planta, especialment les arrels, en cas de glaçades o d´excés de calor.
- *Pèrdues de nutrients importants* degut a l´excés de reg i a les temperatures elevades que afavoreixen la descomposició de la matèria orgànica més ràpidament.

Sembla, doncs, que cultivar un hort en un recipient és en general més complicat que cultivar a terra. Això, però, no ha de desanimar l´horticultor urbà, perquè aquests problemes tenen solució. Cal tenir sempre presents aquestes dificultats per aconseguir un maneig correcte de l´hort urbà.

Convertir el balcó o el terrat en un hort és una idea que sol seduir ràpidament molta gent, però sovint hom no sap per on començar. En aquest apartat expliquem pas a pas els aspectes que cal anar planificant durant el procés d´instal·lació de l´hort urbà.

ON SITUAR L´HORT

El primer pas per muntar l´hort urbà és escollir-ne la situació. Hi ha dos factors fonamentals que hem de tenir en compte per decidir la ubicació de l´hort: la llum i l´accés a l´aigua.

Com ja s´ha comentat en el capítol anterior, en què parlàvem de la fotosíntesi, la planta necessita llum directa, ja que la llum és l´energia que utilitza per créixer. Per tant, com més llum tingui el nostre balcó o terrat, més energia podran utilitzar les plantes per créixer i més possibilitats tindrà el nostre hort de produir molta collita. Però també és cert que, durant els mesos d´estiu, en terrats que es troben a ple sol, l´escalfament dels recipients pot ser molt gran i el maneig del reg és més delicat. En aquests casos, algunes hortalisses poden patir un estrès degut a l´excés d´evaporació i temperatura durant les hores del migdia. Aquest estrès de la planta es pot accentuar en dies amb molt de vent.

L'acumulació de jardineres afavoreix un bon microclima al terrat.

L´excés de temperatura i vent es pot arreglar posant l´hort en un racó protegit o amb estructures de protecció o que facin una mica d´ombra sobre les plantes durant els mesos d´estiu. Aquest efecte és molt diferent si només tenim una jardinera o si tenim diversos recipients, jardineres o taules de cultiu, que creen ells mateixos un petit microclima al terrat. Les plantes i els recipients es fan ombra, esmorteeixen l´efecte del vent i, per tant, fan que l´evaporació i la temperatura no sigui tan extrema com en un recipient aïllat.

En alguns balcons de ciutat orientats al nord o sota l´ombra d´altres edificis, la falta de llum directa és una limitació insalvable. Les parets del balcó pintades de blanc poden ajudar a que la reflexió de la llum atenuï una mica aquest problema. També cal dir que algunes hortalisses s´adapten millor que altres a situacions de poca lluminositat, per exemple, la bleda, la borratja, l´enciam, l´escarola, l´espinac, el maduixot o la ruca.

És difícil establir quin mínim de llum directa és necessari per tal que l´hort funcioni. A més, en els països de clima temperat la quantitat de llum que pot arribar al nostre balcó sol ser molt variable. A l´estiu el sol té una trajectòria més alta i el dia dura més hores, mentre que a l´hivern la intensitat de llum disminueix molt. En ciutats de zones temperades, alguns balcons no tenen ni un minut de sol directe durant l´hivern, però, en canvi, tenen més de 6 hores de sol durant l´estiu. En països de clima tropical, les diferències de radiació solar entre estacions no són tan evidents, fins al punt que depenen més de la presència de núvols que no pas de la trajectòria del Sol.

No existeix un límit clar a partir del qual no valgui la pena provar-ho, però podem afirmar que horts en balcons amb 6 hores de llum directa durant el mes de juny, que és l´època de major duració del dia a l´hemisferi nord, tenen un resultat molt acceptable. Cal tenir en compte que una hora de llum no representa la mateixa intensitat al migdia, quan els raigs de sol incideixen més directament sobre la superfície de la Terra, que a la tarda o al matí, quan els raigs del sol arriben amb molta inclinació.

La resposta a la pregunta de si el nostre balcó està ben orientat per fer-hi un hort, en alguns casos només la podrem respondre experimentant per determinar del cert si el nostre balcó té prou llum o no.

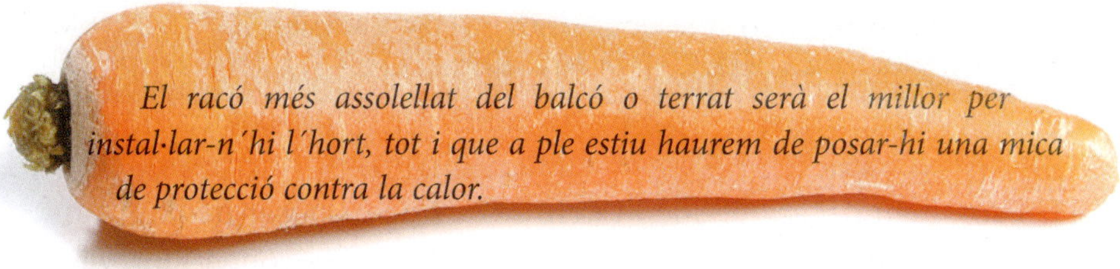

El racó més assolellat del balcó o terrat serà el millor per instal·lar-n'hi l'hort, tot i que a ple estiu haurem de posar-hi una mica de protecció contra la calor.

PLANIFICAR EL REG

De totes les feines de l'hort, regar és la que ens ocuparà més temps. En el clima mediterrani, a ple estiu pot ser necessari regar gairebé cada dia. Per tant, per a molta gent que no té temps o que vol marxar uns dies de vacances, es pot convertir en un greu inconvenient. Per solucionar-ho, és ideal disposar d'una aixeta en el mateix balcó o terrat que ens permeti instal·lar un sistema de reg automàtic.

El reg també es pot fer manualment o a partir de petits dipòsits o amb testos amb autoregatge, però, tot i així, no deixa de ser útil tenir l'accés a l'aigua el més a prop possible per omplir el dipòsit o la regadora.

Reg automàtic per goteig.

S'escollirà el sistema de reg segons les possibilitats de cadascú. Per exemple, una escola que no utilitza l'hort urbà durant les vacances d'estiu i que vol integrar el reg dins de les feines de la classe, no cal que pensi en un sistema automàtic. En canvi, una família que preveu marxar durant les vacances d'estiu o que no disposa de molt de temps per regar, caldrà que instal·li un sistema que regui automàticament. Més endavant, a l'apartat «Cultivem», tractem el tema del reg amb més profunditat.

EL RECIPIENT DE CULTIU

Un cop hem decidit el lloc i estem segurs de disposar de llum suficient i d´aigua, el següent pas és el muntatge del contenidor per a l´hort.

Existeixen moltes alternatives per muntar diferents contenidors en els quals pugui créixer una hortalissa. Des de recipients construïts amb materials reutilitzats fins a taules de cultiu, passant per tot tipus de jardineres.

Taula de cultiu.

Recipients reutilitzats.

En general un contenidor per a un hort al balcó ha de complir les següents característiques:

- *Lleuger*, per facilitar el transport fins al balcó i per no sobrecarregar l´estructura de l´edifici. En general, qualsevol balcó o terrat està dissenyat per suportar càrregues superiors als 300 kg/m^2.
- *Amb bon drenatge*, perquè pugui extreure l´excés d´aigua. Aquest aspecte és especialment interessant en èpoques de pluja, quan l´excés d´humitat pot asfixiar les arrels de les plantes.

Com més volum tingui, millor. Al contrari del que se sol creure, el més important del contenidor no és la profunditat, sinó el volum total. En contenidors molt baixos les arrels es desenvolupen horitzontalment cercant l´aigua i els nutrients necessaris per viure. Per exemple, en contenidors de 15 cm de profunditat es poden cultivar albergínies i les arrels s´estenen fins a ocupar un metre horitzontalment. Les plantes més petites necessiten menys volum per desenvolupar-se que les més grans. Per exemple, es poden cultivar enciams en contenidors fets amb ampolles de plàstic d´un litre de volum. En canvi, per cultivar albergínies és necessari comptar amb contenidors d´uns 25 litres com a mínim.

Que aprofiti al màxim la llum del sol. A vegades, amb l´afany d´aprofitar el poc espai del balcó, s´utilitzen jardineres de diversos pisos. En aquest tipus de jardineres, el pis inferior és massa ombrívol i, per tant no és útil per al cultiu d´hortalisses, ni tan sols per fer planter, ja que el planter també necessita llum per créixer.

Aïllant de l´exterior. Els materials aïllants, com la fusta o la ceràmica, faran que l´escalfament o refredament de les arrels sigui menor. Això és important en testos petits. En testos grans o en taules de cultiu de més de 100 litres, el material no és tan important, ja que l´escalfament és més lent degut a l´elevat volum de substrat que contenen.

Que faci més fàcil el maneig. Per exemple, les taules de cultiu faciliten molt les feines a persones grans i permeten netejar fàcilment sota la taula.

Hort urbà amb jardineres i recipients reutilitzats.

QUINA TERRA HI POSO?

L'elecció del substrat és més important que la del recipient.

Quan es comença per primera vegada l´activitat de cultivar verdures al balcó o al terrat, és habitual no donar massa importància a la terra que cal posar en el recipient de cultiu, fins al punt de recollir terra de qualsevol jardí o utilitzar terres vegetals sense gaire garantia de qualitat per al cultiu d´hortalisses.

Donades les característiques especials del cultiu de plantes en contenidors, és fonamental escollir un bon substrat de cultiu que permeti un bon desenvolupament de l´arrel i que pugui subministrar a la planta tots els nutrients necessaris per créixer. Cal descartar l´ús de terres de camp o de jardí, que tenen pocs nutrients i poca porositat.

Algunes terres vegetals que poden ser bones per a la planta de flor, poden mostrar-se com a insuficients per al cultiu d´hortalisses. La planta de flor té menys requeriments, ja que la comprem crescuda i només cal que es mantingui; en canvi l´hortalissa necessita trobar al substrat el medi idoni per al desenvolupament de la planta, des de l´estadi de llavor fins a la collita.

Aconseguir un bon substrat de cultiu és una tasca més difícil del que en principi se sol pensar i la utilització de substrats poc adients és la causa de molts fracassos. Més endavant expliquem amb més detall les característiques d´una bona terra de cultiu i també la producció pròpia de compost, que pot ser una alternativa molt interessant per obtenir substrat.

El terme substrat fa referència al material que posem per omplir el recipient de cultiu i que, en certa manera, és el substitut de la terra. L´elecció del substrat és el factor més important per a l´èxit de l´hort al balcó, molt més important que el recipient.

Un bon substrat permet que les arrels creixin amb gran densitat.

Ja hem comentat que en un recipient l´arrel troba dificultats per desenvolupar-se amb normalitat, absorbir aigua i nutrients i mantenir un equilibri entre la part aèria i la part radical. Per solucionar aquestes dificultats, cal tenir en compte les propietats del substrat de cultiu que a continuació s´exposen.

- *Porositat.* És l´espai entre les partícules del substrat. Una porositat elevada afavoreix el creixement de les arrels. En un bon substrat, la quantitat d´arrels per centímetre cúbic és molt més elevada que en la mateixa planta que ha crescut a terra.
- *Aeració o volum d´aire.* Els porus més grans, també anomenats macroporus, després de regar perden l´aigua i permeten la circulació de l´aire. Aquests espais plens d´aire són molt importants, ja que fan que les arrels puguin respirar i també permeten la circulació de l´aigua a través del substrat.
- *Retenció d´aigua.* És la quantitat d´aigua que queda emmagatzemada en els porus petits del substrat o microporus. Les arrels aniran absorbint aquesta aigua emmagatzemada fins a esgotar-la. Una quantitat elevada de microporus assegura un magatzem d´aigua durant més temps.

❦ *pH.* Mesura l´acidesa o alcalinitat del substrat. Pot tenir valors de 1 a 14, essent el valor 7 el neutre; els valors inferiors a 7 indiquen acidesa i els superiors, basicitat i alcalinitat. El pH del substrat és important perquè alguns nutrients es troben més o menys disponibles per a la planta si el pH és més àcid o més bàsic. En general la majoria d´hortalisses creixen bé en pH 6-7 i algunes, com la pastanaga, el blat de moro o l´albergínia, toleren pH de 5-6. Les cols i les cebes es poden desenvolupar bé a pH de 7-8. La majoria de substrats de cultiu tenen pH lleugerament àcid, però amb el temps evolucionen a pH més neutre o bàsic.

❦ *Magatzem de nutrients.* Les partícules de matèria orgànica i argila tenen la propietat de fer retenir alguns nutrients que queden a disposició de la planta quan ho necessita. Aquest magatzem de nutrients només serveix per als nutrients que estan al sòl en forma de cations (molècules amb càrrega positiva), com és el cas del potassi, el calci, el magnesi i el ferro. El nitrogen no pot ser retingut en aquest magatzem i, com que és molt soluble, es perd fàcilment per l´excés d´aigua del reg.

❦ *Lleugeresa.* La mesurem amb la densitat, el que pesa un volum determinat de substrat, i s´expressa en grams per litre. Interessen els substrats lleugers, per disminuir el pes de l´hort i transportar el substrat i els testos amb facilitat.

❦ *Aportació de nutrients.* Alguns materials tenen nutrients per a les plantes, mentre que d´altres no. En el cas d´utilitzar un substrat que no aporti nutrients, hem de tenir en compte de barrejar-lo amb un adob.

La característica més important del substrat de cultiu és l´equilibri entre macroporus i microporus, o sigui, l´equilibri entre l´aeració i la retenció d´aigua. Un excés d´aeració comporta poca retenció d´aigua i, per tant, el substrat s´asseca ràpidament. En canvi, un excés de retenció d´aigua i poca aeració pot provocar asfíxia radical, o sigui, falta d´oxigen i podriment de les arrels. Per tant, l´objectiu principal serà buscar aquest equilibri que doni una bona estructura al medi on han de créixer les arrels, amb materials lleugers i una certa capacitat de emmagatzematge de nutrients.

Existeixen molts materials amb bones característiques com a substrats i la majoria són d´origen orgànic. A la taula següent n´oferim un llistat amb els més habituals, però cal tenir en compte que els valors de la taula són orientatius, ja que dins d´un mateix tipus de material pot haver-hi força diferències.

Substrats	Aeració	Retenció d'aigua	Magatzem de nutrients	Pes (g/l)	pH	Aportació nutrients
Fibra de coco	37	58	Molt elevat	50-100	Neutre	Molt poca
Escorça de pi	30	25	Mig	150-400	Àcid	Molt poca
Terra de bosc (residus forestals)	40	40	Mig	150-300	Àcid	Poca
Compost de jardí	40	50	Mig	200-500	Neutre-àcid	Bastanta
Vermiculita	45	3	Molt elevat	100-150	Bàsic	Poca
Perlita	70	5	Poc	120	Neutre	Molt poca
Turba rossa	60	150	Molt elevat	50-100	Molt àcid	Nul·la
Substrat estàndar	30	60	Mig	400	Àcid	Poca
Terra normal	20	10	Baix	1500	Variable	Variable

Característiques aproximades dels principals components dels substrats.

Com es pot observar a la taula, la majoria de materials tenen característiques molt més bones que la terra normal. Per exemple, un substrat estàndard, en comparació amb una terra, té de l´ordre d´un 50% més d´aeració, sis vegades més de magatzem d´aigua, pesa gairebé quatre vegades menys i té molta més capacitat de magatzem de nutrients. Per tant, per al cultiu en recipients, el substrat és molt més adient que la terra normal i esdevé l´element clau que ens permet superar moltes de les dificultats que tenen les hortalisses per créixer en un recipient.

La torba *sphagnum*

És el component més important que els vivers de flors utilitzen com a substrat de cultiu. Prové de les torberes, acumulacions de molses *sphagnum* en zones pantanoses de clima fred. La vegetació acumulada en aquestes condicions triga centenars d´anys en donar lloc a la torba. Com que el ritme d´extracció és superior al de regeneració natural, està considerat com a un recurs natural no renovable. Hi ha molts tipus de torba. Les torbes rosses són de color més clar i són més esponjoses i tenen més aeració, mentre que les torbes negres solen ser més fines i amb més capacitat de retenció d´aigua. Per al cultiu en testos és millor la torba rossa que la negra, però no és aconsellable utilitzar substrats que continguin majoritàriament torba ja que és molt àcida i costa molt de mullar quan s´ha assecat.

La fibra de coco

Prové de plantacions de cocos de països tropicals. La pell triturada i la fibra del coco es barreja i dóna lloc a un substrat molt bo que es pot utilitzar com a substrat sense barrejar-lo amb cap altre material, només cal tenir en compte que pràcticament no conté nutrients i, per tant, cal afegir-li algun adob, com compost de fems. A simple vista es poden identificar fàcilment els trossos d´escorça i les fibres. Es pot trobar en sacs o en pastilles premsades, que es desfan quan s´hi afegeix aigua. Hi ha moltes diferències de qualitat entre diferents fibres de coco. Cal mirar que tingui un bon contingut en fibres i que s´hidrati molt fàcilment. Una bona fibra de coco té un tacte molt esponjós i un contingut en fibres suficient.

La vermiculita

Prové de l´argila sotmesa a una temperatura de més de 1000ºC. L´elevada temperatura causa l´expansió del material i crea molts espais porosos. És un material molt lleuger i amb una capacitat de retenció d´aigua i aeració elevades. És car i es troba en algunes barreges en proporcions petites.

La perlita

S´obté d´una manera similar a la vermiculita, provocant l´expansió a elevades temperatures, però a partir d´un mineral diferent. Aporta molta aeració a les barreges i és molt lleugera i estable. És un material car que s´utilitza sovint en el cultiu de flors de temporada barrejat amb torba.

La terra de bosc

En sentit estricte la terra de bosc és la capa de terra que es crea en alguns boscos i que té un contingut elevat en matèria orgànica. Però no ens referim a aquesta terra, ja que extreure-la seria malmetre l´ecosistema del bosc. Nosaltres ens referim al que comercialment s´entén per terra de bosc, que és el resultat del compostatge de residus d´explotacions forestals. El problema és que a vegades aquestes terres vegetals no són sempre iguals durant tot l´any i depenen del tipus d´arbres de l´explotació. Per exemple, s´anomena terra de castanyer la terra de bosc que prové de restes de boscos de castanyer i dóna lloc a un substrat molt bo i lleugerament àcid. En general, les terres de bosc no solen tenir gaire quantitat de nutrients, a no ser que el productor hi hagi afegit un adob.

L´escorça de pi

S´assembla bastant a la terra de bosc, però és més porosa i més estable. Pot provenir de diferents espècies de pi. És important que tingui unes dimensions al voltant de 10 mm i que estigui ben compostada, la qual cosa s´aprecia si en trencar els trossos d´escorça, l´interior té un color fosc. S´utilitza per aportar porositat a la mescla. Cal barrejar l´escorça amb altres components més fins, com la torba, per augmentar la retenció d´aigua i també amb algun adob.

Substrat universal

Als centres de jardineria es venen substrats preparats amb el nom genèric de substrat estàndard, terra vegetal abonada o substrat universal. Són barreges de diferents components, però sovint tenen l´inconvenient que no mostren a les etiquetes tots els ingredients que contenen, amb el perill que s´hagin utilitzat en la seva elaboració residus com els fangs de depuradora, que tenen un contingut elevat en metalls pesants, que poden ser un perill per a la salut. Per altra banda, l´adob que incorporen sol ser adob químic i té una persistència curta, d´un o dos mesos. La majoria de substrats estàndards tenen molt poc contingut en nutrients, tenen massa torba i a vegades són massa àcids per al cultiu d´hortalisses.

Sovint l´única alternativa que es troba a les botigues i centres de jardineria propers a la ciutat són sacs de substrats ja preparats. Es poden utilitzar per al cultiu d´hortalisses en recipients, però cal que a l´etiqueta hi hagi la composició detallada de la mescla i el tacte ha de ser esponjós. És millor no adquirir els sacs que ofereixin poca informació de la composició o sospitosament barats; l'èxit del nostre hort en depèn massa. Tampoc no acceptarem mai substrats que facin mala olor o quan es puguin identificar a la barreja trossos de fusta o escorces fresques. Quasi sempre haurem d'afegir adob al substrat.

El compost de jardí

És el resultat de la descomposició de restes d'esporgada, sega o neteja dels jardins. És un material amb bones propietats per al cultiu al balcó i també sol aportar nutrients suficients durant uns mesos. L'inconvenient més important és que la composició depèn del residu que s'hagi fet servir per elaborar-lo i que no en sabem del cert les característiques. Un compost amb molts residus verds, gespa o residus de cuina, constitueix un material amb molts nutrients però amb poca porositat i, per tant, cal barrejar-lo amb altres materials que aportin porositat, per exemple, la fibra de coco o l'escorça. En canvi, si s'han utilitzat residus llenyosos, esporguims i fulles seques, pot ser que el compost tingui pocs nutrients i sigui insuficient per al creixement de les plantes aleshores haurem de barrejar-lo amb un adob. En qualsevol cas és molt important que el procés de compostatge hagi finalitzat totalment, o sigui, que el compost no faci mala olor i que tingui un aspecte fosc.

Terra mineral

Ja hem comentat que la terra normal, que també podem anomenar terra mineral, no és un bon substrat. Però algunes terres minerals, especialment argiles, poden aportar minerals útils per a les plantes i augmentar la retenció d'aigua de la mescla. De totes maneres no se sol afegir més d'un 5-10% d'argila al substrat.

Mescles recomanades

Un dels problemes de molts materials d´origen orgànic és que la seva composició varia segons l´empresa que els subministra i el procés de compostatge o neteja que hagi seguit durant la preparació. El compost és el material que presenta més variabilitat i més incertesa respecte a les seves característiques i els continguts de nutrients. Les riqueses de nutrients, les dosis i els percentatges que donem en el llibre són aproximades.

A continuació us recomanem algunes mescles que hem provat i que ens han donat bons resultats. Els percentatges fan referència al volum de cadascun dels elements. En totes les mescles hi ha un element que aporta les propietats d´estructura i porositat i un altre que aporta els nutrients necessaris.

60 % fibra de coco + 40% humus de cuc (fibra de coco amb un mínim del 10% de contingut en fibra).

66% substrat estàndard + 33% de fems de cavall compostats.

50% d´escorça compostada + 20% de torba rossa + 30% de gallinassa amb serradures compostades.

LES EINES

L´hort al balcó és petit i les eines que ens caldran també ho seran.

Guants

La feina del nostre petit hort de balcó no és gaire dura, amb uns guants senzills però còmodes i que s´adaptin bé, protegirem les nostres mans en totes les operacions.

Pales

Una pala petita, o pala de trasplantar, és imprescindible per remenar el substrat abans de la sembra i per fer el forat previ a la plantació del planter. També serà una eina útil per mesclar el substrat i el compost. Si tenim recipients grans, pot ser útil tenir una pala més ampla per barrejar substrats i una altra de més estreta per trasplantar.

Aixadell

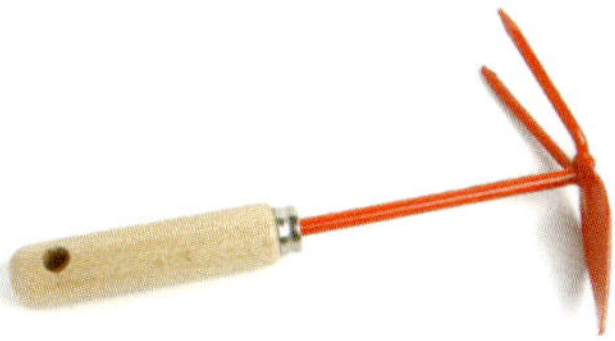

Necessari quan decidim cavar el substrat i barrejar-lo amb nou compost. La grandària del nostre recipient determinarà la de l´aixadell.

Rasclet de mà

Si tenim recipients grans i amples ens pot ser molt útil per anivellar el substrat abans de sembres i trasplantaments.

Tisores d´esporgar

Són imprescindibles per a collir i esporgar plantes grans, com l´albergínia, el pebrot o el cogombre, sense malmetre les tiges. Un model petit serà suficient per als recipients del nostre balcó.

Ganivet

Necessari per collir algunes hortalisses que requereixen un tall ben fet i que no es pot fer amb les tisores de podar. És el cas de la collita d´enciams, escaroles o cols.

Pinzell

Moltes hortalisses de terrat poden tenir problemes de pol·linització. Un pinzell petit serà una eina imprescindible per a aquesta tasca. Caldrà passar suaument el pinzell per damunt la flor masculina quan estigui madura i després fregar la femenina. En el cas de flors hermafrodites, també pot ser necessari realitzar aquesta operació.

Cistell

Si el nombre de recipients de l´hort urbà és prou gran, serà necessari un cistell per recollir la collita, especialment en les èpoques de major abundància, com l´estiu. En cas de tenir un hort petit, podeu fer servir el mateix plat just abans de l´àpat.

Canyes i cordill per asprar

Quan es cultiven plantes enfiladisses cal proporcionar-los una estructura.

Si les plantes no s´agafen per si soles als aspres, com és el cas de la tomaquera, serà útil un cordill per lligar-les, que sigui prou ample per no malmetre la tija.

Termòmetre de màxima i mínima

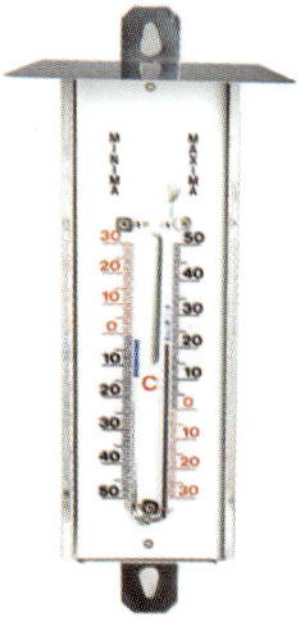

És un instrument molt útil utilitzat en meteorologia. Ens informa de la temperatura màxima i mínima de cada dia i ens permet saber si la planta ha patit temperatures inadequades, especialment mínimes massa fredes durant la nit.

Lupa de mà o comptafils

Ens permetrà observar els símptomes i cercar les causes d´algunes malalties de les plantes.

Sensor d´humitat

Són aparells senzills que tenen uns punxons que permet detectar la humitat del substrat. És un complement interessant, però té poca precisió i no substitueix mai l´observació directa amb les mans.

CULTIVEM

LA PROPAGACIÓ

Començar a cultivar una planta es pot fer de dues maneres: a partir d´una llavor o a partir d´una part de la planta. Començar per una llavor s´anomena reproducció sexual i és el sistema més habitual en la majoria d´hortalisses, com l´enciam, el rave o el tomàquet. La llavor prové de la fecundació d´un ovari (part femenina) amb el pol·len d´una antera (part masculina). En la majoria d´hortalisses, les parts masculina i femenina de la flor es troben a la mateixa flor (flors hermafrodites). En altres, com en el cas de les cucurbitàcies (carbassó, cogombre, meló i síndria) i el blat de moro, en una mateixa planta trobem flors masculines i flors femenines (plantes monoiques).

Algunes plantes es reprodueixen a partir d´una part de la planta, com és el cas de l´all, que ho fa a partir d´un gra d´all. Es tracta d´una reproducció asexual i totes les plantes seran iguals, ja que provenen d´una mateixa planta mare. També és el cas de la patata, que es reprodueix a partir d´un tros de tubercle.

La tria de la llavor és la primera decisió important que cal prendre. Per a cada espècie existeixen moltes varietats. A la darrera part del llibre trobareu, a les descripcions de cadascun dels cultius, els tipus de varietats més habituals. Però dins de cada tipus podem trobar nombroses varietats que es diferencien entre elles per l´adaptació al clima, la productivitat, la duració del cultiu, la forma del fruit o la resistència a una plaga. Als comerços especialitzats trobarem llavors de marques comercials que ens poden ser útils. Són llavors seleccionades per al cultiu convencional segons característiques que a vegades no ens interessen prou, com la conservació del fruit, la productivitat o la grandària. Solen portar productes químics, com fungicides. Una alternativa pot ser cercar llavors ecològiques i, si és possible, de varietats locals que estiguin molt adaptades al medi. Però aconseguir aquest tipus de llavor és sovint complicat, ja que no es troben a la majoria de comerços.

La producció de llavor pròpia i l´intercanvi amb altres productors és una solució que solen adoptar molts agricultors ecològics i que podria ser una bona opció per als horticultors urbans. Tant si utilitzem llavors comercials com llavors de varietats locals, haurem de cercar les varietats que s´adaptin millor al cultiu en recipients i a les condicions particulars del nostre balcó.

Tant si produïm llavor pròpia com si la comprem en un comerç, és molt probable que no la gastem tota i que n´haguem de conservar. La capacitat de germinar de les llavors no dura per sempre. La longevitat és una característica de cada espècie, però també depèn molt de la qualitat de la llavor i de les condicions d´emmagatzematge. La majoria de llavors d´hortalisses poden conservar la viabilitat de 3 a 5 anys. Les liliàcies (ceba i porro) són les que perden la capacitat germinativa més ràpidament, en 1 o 2 anys, i les cucurbitàcies (carbassa, carbassó, cogombre, meló i síndria) poden conservar-la fins a 10 anys en bones condicions d´emmagatzematge.

Per conservar la llavor hem de seguir els següents consells:

- La llavor s´ha de conservar seca; si se´ns ha humitejat, l´haurem de deixar assecar en una safata, en un lloc ventilat fins que, quan intentem trencar-la amb els dits, s´esberli en lloc de doblegar-se. Aleshores la posarem en un recipient hermètic per evitar que es torni a humitejar.
- El lloc de conservació ha de ser fresc, la nevera és un espai òptim per a la majoria de llavors, sempre que el recipient o la bossa estigui tancada hermèticament.
- En el pot o bossa hi escriurem la data, l´espècie i l´origen de la llavor.

Quan vulguem utilitzar la llavor després d´un període llarg de conservació, podem fer una prova de germinació. Posem 10 llavors en un recipient amb substrat molt fi, en un lloc amb temperatures suaus, per exemple a l´interior de casa. Cal vigilar cada dia que no s´assequi el substrat. En la majoria d´hortalisses, en una setmana podrem calcular el percentatge de llavors que han germinat. En les hortalisses de germinació més lenta, com és el cas de les umbel·líferes (api, julivert i pastanaga), cal esperar més temps, fins a quatre o cinc setmanes en el cas del julivert.

LA SEMBRA

La sembra de la llavor marca l´inici del cultiu. La profunditat de sembra depèn de la grandària de la llavor. Una norma general és que la profunditat sigui de l´ordre d´una a dues vegades el diàmetre de la llavor. Una sembra molt superficial pot fer que la llavor s´assequi i trigui a germinar. En canvi, si la sembra és molt profunda, a la planta li pot costar molt de sortir.

Després de sembrar és important fer un primer reg que asseguri la humitat suficient per a la germinació de la llavor. Aquest reg s´ha de fer amb molta cura, ja que si aboquem massa aigua de cop amb la regadora, correm el risc que s´endugui les llavors.

En la majoria d´hortalisses, la planta quan germina treu dos cotiledons. També s´anomenen fulles embrionàries perquè ja es troben formades abans de germinar, dins de l´embrió. Tenen una forma diferent a les fulles veritables i són més carnoses, ja que tenen molts nutrients emmagatzemats. Aquestes fulles donaran pas a les fulles veritables i s´assequen ràpidament durant les primeres setmanes de cultiu.

En les hortalisses de cicle llarg, com el blat de moro, la fava, la mongeta o el pèsol, se sembren 3 o 4 llavors en el lloc on volem la planta. Quan les plàntules tenen 3 fulles veritables, se selecciona la més vigorosa i s´eliminen les altres.

En hortalisses de cicle curt com la pastanaga, el rave o la ruca, es pot fer la sembra en línies. S´aboca la llavor seguint una línia i, després de la germinació, s´aclareixen les plàntules que sobren fins a deixar la separació desitjada entre plantes. La sembra a eixam és similar però s´escampa la llavor per tot el recipient, sense voler cultivar en línies.

Per accelerar la germinació pot ser útil deixar les llavors en remull durant unes hores. Això és especialment recomanable en llavors de germinació lenta, com les umbel·líferes.

EL PLANTER

Per algunes espècies és recomanable començar el cultiu amb el planter enlloc de sembrar directament la llavor a l´hort. Farem servir petits recipients, en els quals cultivarem fins que la planta tingui certa envergadura. Llavors es trasplanta a l´hort.

Produir mitjançant planter té molts avantatges: ens permet aprofitar millor l´espai de l´hort, ja que escurça el temps d´ocupació del recipient; ajuda l´hortalissa a competir contra les males herbes, ja que parteix amb avantatge respecte a les males herbes, que germinaran més endavant; permet protegir-la en les primeres setmanes del creixement, per exemple resguardant les plantes a l´interior de casa durant les nits.

Hi ha espècies, com la ceba, l´enciam o les cols, que suporten molt bé el trasplantament i tradicionalment s´han cultivat mitjançant planter, fins i tot es poden trasplantar a arrel nua. Però l´operació de trasplantar pot malmetre les arrels i algunes espècies no ho suporten tan bé. Aquestes hortalisses, com el carbassó, el cogombre, la síndria, la fava o el pèsol, s´han de trasplantar amb tot el pa de terra i anar en compte que no es trenqui. Pràcticament totes les hortalisses es poden fer amb planter si en tenim prou cura. Tot i això, n´hi ha algunes en què no és recomanable, com el rave o la pastanaga, ja que el trasplantament malmet l´arrel i la collita.

És possible aconseguir planter en alguna botiga, la qual cosa ens simplifica molt els inicis del cultiu i, per tant, és molt recomanable especialment per a les persones que comencen per primera vegada. Però en les grans ciutats pot ser molt complicat trobar un comerç que vengui planter. Si el volem fer nosaltres, podem reutilitzar qualsevol recipient, per exemple un pot de iogurt. El substrat que utilitzarem serà el mateix que el de l´hort, però tamisat per eliminar algunes partícules grans que poden molestar la germinació de la llavor. La humitat és molt important, ja que els pots petits s´assequen ràpid i les plàntules són molt sensibles a la falta d´aigua.

El moment del trasplantament arriba quan la grandària de la planta supera la del recipient. Per tant, si fem el planter en recipients més grans, podrem esperar més a fer el trasplantament. En algunes hortalisses de cicle llarg, com el tomàquet o el pebrot, fins i tot es pot canviar la planta diverses vegades a recipients més grans, fins arribar al recipient definitiu. Aquest sistema pot ser útil quan es disposa de poc espai al balcó o si es vol avançar l´època de sembra de les hortalisses d´estiu, però requereix més feina i es corre el risc de malmetre el creixement de la planta si es manté en un recipient petit durant massa temps. En general no és recomanable efectuar més de dos trasplantaments.

Envàs de iogurt.

LES FEINES DE CULTIU

La tasca més important de l´hort és observar el creixement de les plantes i detectar qualsevol anomalia, com la presència d´alguna plaga o malaltia. Aquest control de l´hort s´ha de fer sempre que es pugui, però amb més freqüència en les èpoques de major temperatura, des de la primavera fins a principis de la tardor, que és quan les hortalisses, però també les plagues i les males herbes, tenen una major activitat. Observar com evoluciona l'hort esdevé una tasca relaxant que ens allunya per uns moments de les preocupacions i de la rutina diària.

Controlar la planta i detectar els símptomes de qualsevol problema és una habilitat que només s'aprèn al llarg dels anys. La planta malalta, amb falta d'adob o que pateix qualsevol problema, ho manifesta en el color dels seus brots, el creixement menys vigorós, el recargolament de les fulles o la presència de taques de teixits morts.

Cada vegada que controlem l'hort cal aprofitar per treure les males herbes. Les males herbes són plantes que propaguen les seves llavors amb el vent i germinen en els nostres recipients de cultiu. En un hort urbà no hi ha gaires males herbes, però cal treure-les manualment quan són petites per evitar que creixin massa i competeixin amb les hortalisses per la llum, l'aigua o els nutrients.

Malgrat que tinguem un sistema automàtic de reg o una jardinera amb dipòsit, cal controlar la humitat del substrat periòdicament per ajustar la freqüència i la quantitat d'aigua de reg.

Algunes plantes requereixen feines especials que seran explicades per a cada cultiu en particular. Asprar i esporgar algunes plantes, com la tomaquera o el cogombre, és una tasca típica de l'hort a l'estiu.

Una feina que pot esdevenir especialment important en l'hort urbà és la pol·linització. Moltes espècies requereixen de l'acció dels insectes perquè el pol·len de la part masculina de la flor arribi a la part femenina. A diferència de les zones rurals, a moltes grans ciutats hi ha pocs insectes que facin aquesta feina i a vegades l'haurem de fer nosaltres amb un pinzell, si volem assegurar-nos una bona producció de fruits.

En el cas de les cucurbitàcies (meló, carbassó, carbassa, síndria), que tenen les flors femenines i masculines separades (plantes dioiques), aquest transport del pol·len es fa de la flor masculina a la femenina. Són plantes que prefereixen la pol·linització creuada, entre individus diferents. Si tenim un sol individu, ens podem trobar en molts moments que només disposem de flors femenines. Per tant, sovint podem veure´ns obligats a tenir, com a mínim, dues plantes de la mateixa espècie per assegurar-nos la presència de pol·len en qualsevol moment.

Flor femenina i masculina del carbassó.

En el cas de les solanàcies, com les tomaqueres, el pebrot o l´albergínia, les flors són hermafrodites i es pol·linitzen elles mateixes (autogàmia), però també amb l´ajut dels insectes. La falta d´insectes i també les condicions ambientals estressants, com l´excés de calor, poden causar que la flor no doni fruit (avortament floral). Caldrà pinzellar les flors una a una per assegurar una bona collita.

EL MANTENIMENT DEL SUBSTRAT

Els substrats d´origen orgànic amb el temps es compacten i poden arribar a perdre la porositat, fins al punt de no ser bons per al creixement de les arrels. A aquesta compactació del substrat cal afegir-hi la descomposició i les possibles pèrdues per rentat. Tot això fa que durant un any de cultiu es pugui arribar a perdre fins a un 25% del volum de substrat que vam posar a l´inici de cultiu.

L´experiència ens ha demostrat que no és necessari canviar el substrat per millorar-ne les qualitats. Ans al contrari, sovint hem observat que els resultats són més segurs en substrats que s´han fet servir durant molts anys. El que sí que és necessari és afegir més material per compensar les pèrdues que ha sofert i, al mateix temps, remenar el substrat vell. Aquest procés de remenar el substrat és similar al que fan els pagesos quan llauren els seus camps i permet esterrossar i tornar a augmentar la porositat, tan necessària per al bon desenvolupament de les arrels. Aquest procés de renovació del substrat és recomanable fer-lo cada vegada que arrenquem plantes i abans de sembrar-ne i utilitzarem compost que serveixi d´adob per a les plantes.

L'ADOB

El cicle dels nutrients

Com ja hem comentat, la planta necessita elements minerals per fer les seves funcions i les arrels són les encarregades d´absorbir aquests elements, que estan dissolts a l´aigua. En sistemes de producció orgànics, la totalitat dels nutrients provenen de la descomposició de residus que alliberen progressivament els nutrients per a les plantes.

Esquema del cicle dels nutrients.

Sovint els substrats de cultiu tenen pocs nutrients disponibles per a la planta i la seva funció principal és la d´oferir un medi idoni per al desenvolupament de les arrels i l´emmagatzematge d´aigua i nutrients. Encara que puguin tenir nutrients, en poc temps s´esgotaran i caldrà afegir-ne més. Els adobs són les substàncies que aporten nutrients per a les plantes.

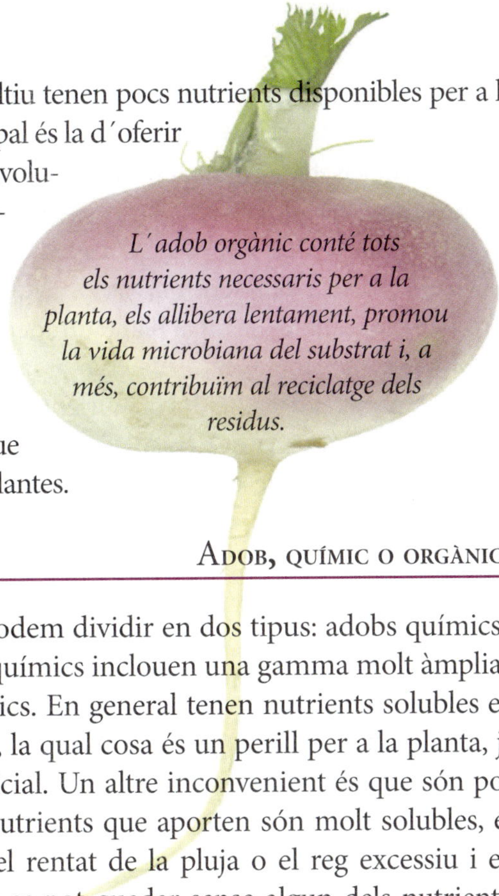

L´adob orgànic conté tots els nutrients necessaris per a la planta, els allibera lentament, promou la vida microbiana del substrat i, a més, contribuïm al reciclatge dels residus.

Adob, químic o orgànic?

Bàsicament els adobs els podem dividir en dos tipus: adobs químics i adobs orgànics. Els adobs químics inclouen una gamma molt àmplia i diversa de productes químics. En general tenen nutrients solubles en concentracions molt grans, la qual cosa és un perill per a la planta, ja que l´excés pot ser perjudicial. Un altre inconvenient és que són poc persistents. Com que els nutrients que aporten són molt solubles, es poden perdre fàcilment pel rentat de la pluja o el reg excessiu i en poques setmanes la planta es pot quedar sense algun dels nutrients. Molts usuaris es deixen mal aconsellar per alguns comerciants i adquireixen adobs químics que no tenen tots els nutrients necessaris per al creixement de les plantes. Sovint els falta algun dels micronutrients, que són els que la planta necessita en menor quantitat.

Els inconvenients dels adobs químics són menys importants en un jardí, en què la planta trobarà en el sòl molts dels micronutrients que li falten. Però en una hortalissa cultivada en un recipient, el resultat pot ser catastròfic. També és cert que alguns d´aquests inconvenients dels adobs químics han estat solucionats amb adobs encapsulats, d´alta tecnologia i capaços d´alliberar gairebé tots el nutrients necessaris de manera controlada durant molts mesos.

Els adobs orgànics són substàncies que provenen de residus orgànics i que aporten nutrients per a les plantes. L´origen més habitual de l´adob orgànic són els fems dels animals. Sempre tenen tota la gamma de nutrients, tant els que la planta necessita en gran quantitat com els micronutrients, que són els que la planta necessita en petites quantitats. Una altra característica dels adobs orgànics és que una part dels nutrients no es troben disponibles per a la planta immediatament, sinó que s´aniran alliberant a mesura que la matèria orgànica es vagi descomponent. Aquesta propietat d´alliberar els nutrients progressivament és molt interessant per a l´hort, ja que ens assegura una bona nutrició de la planta durant uns quants mesos. Utilitzant adob orgànic estem col·laborant a reciclar residus i, per tant, estem tancant el cicle de la matèria.

Però el que fa més interessant i recomanable la utilització dels adobs orgànics és que promouen la vida de microorganismes que també se n´alimenten i estableixen relacions de simbiosi amb les arrels de les plantes i en milloren l´alimentació. En certa manera és l´equivalent a la flora intestinal que tenen els animals.

Un inconvenient de la utilització d´adob orgànic és que la concentració de nutrients és molt més baixa que la dels adobs químics. Per exemple, la concentració en nitrogen, que és el nutrient que necessita la planta en major quantitat, és de l´ordre d´un 1% en un adob orgànic compostat, mentre que en un adob químic pot ser del 10 al 25%. Per tant, per aconseguir la quantitat de nutrients d´una bossa de mig quilo d´adob químic, podem necessitar un sac de 10 kg de compost. Però la comoditat no ens hauria de privar d´anteposar els avantatges de la utilització de l´adob orgànic.

Principals tipus d´adobs orgànics

De tots els adobs orgànics, el que hem de fer servir més sovint i ha de ser la base de la fertilitat de l´hort urbà és el compost. A l´apartat 6 del llibre trobareu més informació de què és el compost i com produir-ne de propi al balcó.

El compost tindrà diferent composició segons el tipus de residu que s´hagi utilitzat per produir-lo. Els composts que es poden comprar a les botigues normalment provenen de fems d´animals, però a casa podem produir el propi compost a partir de les deixalles de la cuina o dels residus de les collites i del jardí. Un tipus de compost especialment bo és el compost de cuc, es tracta del residu digerit pel cuc vermell de Califòrnia. És un adob molt estable i molt ric en humus, però, de la mateixa manera que els altres adobs orgànics, no tots els humus de cuc són iguals i les seves propietats dependran del residu que s´hagi utilitzat en la seva elaboració.

Cal saber diferenciar el compost dels residus no compostats. El compost té un aspecte fosc i una olor agradable. Qualsevol adob que tingui una olor desagradable serà un residu no compostat i hauria de tenir un cost molt menor, ja que és de menor qualitat. Alguns d´aquests residus contenen quantitats elevades de nutrients, són fets a partir de sang d´animals, ungles d´animals o fems frescos, com el guano (fems d´ocells), entre d´altres. Cal utilitzar-los amb molta precaució, ja que, de la mateixa manera que alguns adobs químics, poden aportar un excés de nutrients i desequilibrar la planta. Si els barregem amb el substrat hem d´esperar unes setmanes abans de sembrar. Com que són residus frescos, consumeixen oxigen i poden alliberar substàncies tòxiques per a les arrels. Aquest tipus d´adob és preferible aplicar-lo superficialment i en poca quantitat, si en algun moment les plantes tenen necessitat d´una dosi extra de nutrients, malgrat que, d´aquesta manera, es pot perdre una part del nitrogen, que es volatilitza.

També es poden trobar al mercat alguns preparats d´adobs orgànics líquids, a base d´extractes vegetals, algues o altres components. Cal diferenciar els que estan pensats per a l´aplicació a les fulles i els que s´apliquen i són absorbits per les arrels. Són complements que poden donar un bon resultat en moments puntuals, però mai substitueixen un bon compost barrejat amb el substrat. Tenen l´inconvenient que el seu efecte és de curta durada i cal repetir els tractaments bastant sovint, d´una a dues vegades cada setmana.

Quant en posem?

Recomanar una quantitat d´adob per a un recipient de cultiu és molt difícil. Segons l´hortalissa que cultivem les necessitats d´adobat seran diferents. En general, les hortalisses de cicle més llarg i que produeixen més quantitat de collita necessitaran més nutrients que les altres. Si sembrem o plantem després d´una hortalissa exigent, haurem de tenir en compte que el substrat estarà més esgotat en nutrients. El cas contrari és el de les lleguminoses (mongeta, fava i pèsol), que es considera que milloren la fertilitat de sòl perquè augmenten la quantitat de nitrogen del substrat gràcies a la capacitat de fixar el nitrogen de l´atmosfera a través de la simbiosi amb els bacteris *Rhizobium*.

Hortalisses molt exigents en nutrients	Mitjanament exigents	Poc exigents	Millorants
Albergínia, blat de moro, bleda, carbassa, carbassó, col, col-i-flor, cogombre, espinac, meló, patata, pebrot, síndria, tomàquet.	Enciam, escarola, nap, pastanaga, porro, remolatxa.	All, ceba, rave.	Fava, pèsol, mongeta.

Classificació de les hortalisses segons l'exigència en nutrients.

També el substrat i el maneig del reg poden influir en l´adobat de l´hort, ja que un excés d´aigua s´enduu alguns dels nutrients importants.

Com que hi ha molts factors que influeixen, adobar l´hort no és una operació que es pugui calcular matemàticament. L´experimentació i l´observació de la planta permetrà ajustar-ne les quantitats i les èpoques d´aplicació. A continuació us donem unes pautes per començar, però que s´han d´utilitzar amb flexibilitat.

A la següent taula, els valors que es mostren dels tres nutrients principals (nitrogen, fòsfor i potassi), del compost i de l´humus de cuc estan expressats en % de matèria fresca, que sol portar un 40% d´humitat. En els comerços és possible que trobem composts o adobs amb continguts

Adob	% nitrogen	% fòsfor	% potassi	Dosi d'adobat	Funció	Mètode d'aplicació
Humus de cuc provinent de fems d'animal.	1	1,1	3,8	100-200 gr per cada litre de substrat.	Adobat principal de l'hort.	Mínim dues aplicacions a l'any, barrejant-ho amb el substrat (primavera i tardor).
Compost de residus de collita i de jardí.	0,5	0,3	0,8	150-300 gr per cada litre de substrat.	Adobat principal de l'hort.	Mínim dues aplicacions a l'any, barrejant-ho amb el substrat (primavera i tardor).
Adob foliar a base d'algues marines.	1	0,15	3	1cc dissolt en cada litre d'aigua.	Aplicar quan les plantes mostren símptomes de falta de nutrients o com a reforçant.	Pulveritzar les fulles una o dues vegades per setmana.
Adob líquid a base de residus vegetals.	2	0,9	1,7	4 cc dissolt en cada litre d'aigua.	Adob de suport a la meitat del cicle de cultiu o quan les plantes mostren debilitat.	Regar l'hort un cop per setmana.
Residus no compostats.	10	8	3,3	5-20 gr per cada litre de substrat.	Poc recomanable.	Aportacions superficials. També es pot barrejar amb el substrat.

Exemples de tipus principals d'adobs orgànics i la seva utilització a l'hort urbà.

de nutrients diferents. Cal que sapiguem llegir les etiquetes correctament, ja que, en el cas del compost, pot ser que la riquesa en nutrients vagi expressada en percentatge de matèria seca. Evidentment refusarem qualsevol producte que no estigui etiquetat correctament indicant la riquesa dels diversos nutrients i l´origen de l´adob.

La majoria d´adobs que podem trobar a les botigues especialitzades tindran concentracions similars a les que es mostren a la taula. En cas contrari, caldrà ajustar les dosis i consultar les recomanacions del fabricant.

EL REG

El reg és un aspecte clau per a l´èxit del nostre hort. Les plantes cultivades en recipients tenen poca profunditat d´arrels per la qual cosa la quantitat d´aigua que poden contenir sempre és limitada. A més, l´aigua s´esgota amb facilitat, especialment quan el contenidor té una alta densitat de plantes amb les corresponents fulles que realitzen la transpiració. A això cal afegir l´efecte del sol sobre els contenidors, que fa que a l´estiu les temperatures del substrat siguin més elevades que si l´hort estigués a terra i, per tant, l´aigua s´evapora més ràpidament.

Evidentment les necessitats d´aigua són molt més grans durant l´estiu que durant els mesos més freds de l´hivern. Durant l´hivern només cal regar, com a molt, un cop per setmana, mentre que durant l´estiu pot ser necessari el reg diari. En el cas del regatge gota a gota, poden caldre fins a dos o tres regs cada dia durant l´època càlida. Un cap de setmana d´estiu sense regar pot ser suficient per malmetre totes les plantes de l´hort. A la primavera i a la tardor s´haurà d´ajustar el reg segons la climatologia del moment. Regar esdevé, doncs, la tasca més important de l´hort al balcó, ja que és la que ocupa més temps i, com s´ha explicat en el primer capítol, té una influència determinant sobre el creixement de la planta.

Una altra qüestió important és quina quantitat d´aigua cal per regar un recipient. És recomanable humitejar al màxim el substrat per no haver-lo de regar molt sovint. Per altra banda, s´ha d´evitar que l´aigua arribi a escolar-se per sota el recipient, ja que aquesta aigua sobrant s´emporta una part de nutrients i, amb el temps, això pot representar una pèrdua molt important per a les plantes. Com a regla general podem afirmar que quan l´aigua surt del test, el reg ha estat excessiu. Cal, però, assegurar-se que hem humitejat bé el substrat. Per confirmar-ho, podem utilitzar sensors d´humitat, però sempre cal inspeccionar-ho manualment.

Com regar

Si disposem de temps, el reg manual és un bon sistema de reg i la regadora una eina immillorable si s´usa amb bon criteri. L´error més habitual que se sol cometre quan es rega manualment és aplicar l´aigua massa de cop. Si el substrat està molt sec, s´han pogut formar petites escletxes per les quals l´aigua circularà ràpidament. L´aigua sempre segueix el camí més fàcil i pot ser que s´escoli per aquestes escletxes o pels espais entre el recipient i el substrat. Com a conseqüència, l´aigua surt per sota i dóna la sensació que el reg ja ha finalitzat, quan en realitat no s´ha humitejat tot el substrat com seria desitjable.

En el cas d´haver de marxar un cap de setmana o uns dies a l´estiu, haurem de buscar un sistema alternatiu. Si no podem demanar a ningú el favor de regar-nos l´hort, caldrà algun sistema automàtic de reg que ens mantingui la humitat del substrat durant els dies que siguem fora. Al mercat hi ha petits accessoris que permeten mantenir la humitat de jardineres o tes-

Regatest casolà.

tos durant alguns dies o setmanes. Aquests regatestos són petits dipòsits d´aigua que humitegen el substrat per capil·laritat. Poden ser un bon recurs puntual i funcionen prou bé per mantenir en vida les plantes ornamentals, però no acaben d´adaptar-se al cultiu d´hortalisses que, de ben segur, mostraran el dèficit d´aigua amb una disminució important de la collita.

Diferents tipus de degotadors

La millor solució per regar automàticament és instal·lar un sistema de regatge gota a gota amb un programador. El regatge gota a gota es basa en l´aportació d´aigua al contenidor amb un dispositiu anomenat degotador. De degotadors n´hi ha de molts tipus. Un aspecte interessant a l´hora d´escollir-los és que es puguin desmuntar i netejar. En algunes ciutats les aigües són molt calcàries i en poc temps poden arribar a obturar els degotadors. Si els degotadors estan protegits del sol per les plantes o tapats amb restes vegetals no s´assequen tant i el carbonat precipita menys.

El reg parteix d´una aixeta a la qual s´hi connecta un programador de reg, anomenat programador d´aixeta. Els programadors d´aixeta solen funcionar amb piles i permeten obrir o tancar el reg a partir de les instruccions que li introduïm. Per a un hort al balcó cal que el programador permeti regar, com a mínim, dos cops al dia i amb una duració mínima del reg d´1 minut.

És molt útil connectar a la sortida del programador d´aixeta un regulador de pressió, que és un dispositiu que disminueix la pressió de l´aigua de l´aixeta (uns 3 kg/cm^2) a la pressió recomanada per als degotadors (1 kg/cm^2) i disminueix el risc que hi hagi pèrdues d´aigua.

Sovint els balcons no disposen d´una aixeta per connectar el sistema de reg i llavors cal buscar solucions alternatives, com la utilització de dipòsits d´aigua. El dipòsit pot penjar-se a una certa alçada i regar per

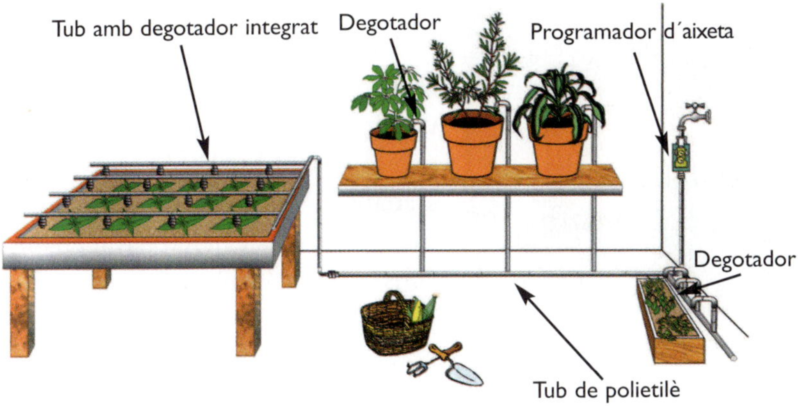

gravetat. Si el dipòsit és a poca alçada respecte al recipient (2 metres), cal escollir un degotador que funcioni amb poca pressió d´aigua.

En el cas de regatge gota a gota, cal regar més sovint que quan ho fem manualment amb regadora. Durant les èpoques de més calor de l´estiu, cal regar cada dos dies amb regadora mentre que amb degotador pot ser necessari regar dues o tres vegades cada dia d´1 a 3 minuts. El reg més curt, però més freqüent, ajuda a que el degoteig escampi la humitat millor, formant una zona humida semblant a un bulb més ample (bulb humit).

Quan es rega l´hort manualment, bé sigui amb mànega o regadora, les fulles de la planta es mullen de manera que cal evitar fer-ho al migdia, quan la temperatura i la insolació són màximes. Tot i que aquest aspecte és menys important del que hom creu, a vegades pot ocasionar un estrès a les fulles i malmetre-les lleugerament. En el cas del regatge gota a gota, és beneficiós durant l´estiu regar al migdia, per-

Reg amb dipòsit a un balcó.

què l´aigua refresca el substrat i alleuja l´excés de calor de les arrels.

Una alternativa interessant és la utilització de contenidors amb autoreg. Tenen un dipòsit inferior que manté el substrat constantment humit. És un sistema que s´adapta al cultiu de la majoria d´hortalisses; nosaltres l´hem provat en enciams i ens ha donat molt bon resultat. En funció del volum d´aigua del dipòsit i de la planta cultivada, caldrà afegir aigua d´una a tres vegades cada setmana durant l´estiu.

El consum d´aigua de l´hort urbà

En alguns països de clima mediterrani o semiàrid, l´aigua és un bé preuat que cal consumir amb responsabilitat. Per tant, la despesa d´aigua de l´hort ha de ser un aspecte a valorar abans de fer la instal·lació.

A la taula següent es mostra el consum mitjà d´aigua per a una taula de cultiu d´un metre quadrat i 18 cm de profunditat de substrat en un clima mediterrani.

Estacions	Regs per setmana	Aigua per setmana (litres)
Hivern	0-1	1
Primavera	7-14	10
Estiu	14-21	30
Tardor	7-14	10

Consum aproximat d'aigua en un clima mediterrani.

Si ho comparem amb el consum mitjà d´aigua d´un habitatge, que a la Unió Europea és de 1.050 litres a la setmana, un hort al balcó no representa un augment important del consum d´aigua. D´altra banda, l´augment en el consum d´aigua provocat per l´hort es pot contrarestar fàcilment amb mesures d´estalvi: reparar aixetes i cisternes que degoten, instal·lar difusors que redueixin el cabal de les aixetes o utilitzar electrodomèstics de baix consum.

Una altra opció és l´aprofitament de l´aigua de pluja. En aquest cas cal un sistema de recollida i un dipòsit d´acumulació des del qual poder regar l´hort. A més d´obtenir aigua gratuïta, l´aigua de pluja és de major qualitat que l´aigua de l´aixeta, ja que no conté sals que podrien perjudicar les plantes o embussar la instal·lació de reg. Cal l´assessorament d´un expert per instal·lar aquests dispositius en balcons i terrats, ja que el pes dels dipòsits pot ser una càrrega important per a l´edifici.

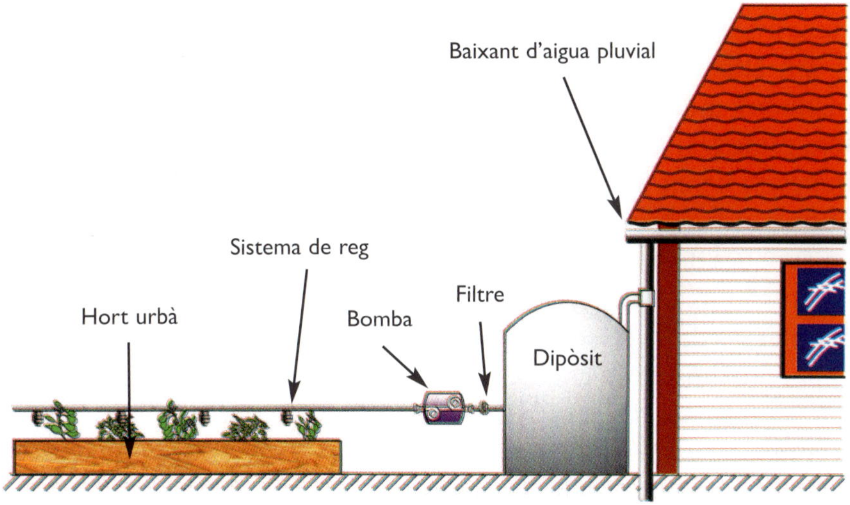

L´inconvenient dels sistemes de reciclatge d´aigua és que en alguns climes, com el mediterrani, amb precipitacions irregulars, calen dipòsits molt grans per assegurar l´abastament d´aigua durant els llargs períodes de sequera. També cal tenir en compte la necessitat d´utilitzar una bomba si l´alçada del dipòsit respecte a les jardineres no és suficient perquè els degotadors funcionin correctament.

LA COLLITA

Potser el moment més important o el més gratificant és quan ens disposem a collir els fruits del nostre hort. El temps que transcorre entre la sembra o el trasplantament i la collita és el que anomenem duració del cicle o cicle de cultiu.

La duració del cicle varia per a cada espècie i també segons diversos factors. El primer factor és la varietat. D´una mateixa hortalissa podem trobar moltes varietats amb cicles més curts o més llargs. En un hort petit és aconsellable emprar les varietats de cicles més curts, ja que, donat l´espai reduït de l´hort, serà més divertit sembrar i collir aviat.

Un altre factor és la temperatura. La mateixa planta creixerà i madurarà molt més ràpid si fa calor que si fa fred. De fet, els agricultors professionals mesuren els cicles de cultiu en temperatura acumulada i no en dies. Amb la calor els recipients s´escalfen i això fa que els cicles de cultiu de les hortalisses siguin una mica més curts en èpoques de bon temps.

En alguns casos ens pot ajudar portar un petit diari de cultiu i apuntar les dates de sembra i les dates de floració per determinar la data aproximada de collita. Però no sempre serà suficient, i caldrà que aprenguem a observar la planta i reconèixer el moment òptim segons l´estat del fruit.

En alguns fruits, com el tomàquet, el color vermell ens indica amb claredat la maduresa del fruit i, per tant, el moment de la collita. Però no sempre és tan fàcil saber si ja podem recol·lectar. Altres fruits, com els del carbassó, l´albergínia o el cogombre, es cullen immadurs i cal vigilar que no se´ns passi el moment de la collita, ja que llavors són menys bons per al consum. Hi ha hortalisses, com l´all o la ceba, que es poden consumir tendres o collir quan les fulles s´assequen i conservar-les seques durant molts mesos.

La collita és el moment més gratificant.

Algunes hortalisses de tardor, com l´escarola, tenen més qualitat quan es cullen després d´haver passat el primer fred de l´hivern. Això és degut a que, com a reacció als primers dies de fred, la planta augmenta la concentració de substàncies a les cèl·lules, especialment sucres, per resistir més bé les glaçades de l´hivern.

En pèsols i mongetes, la collita continuada del fruit immadur estimula la planta a produir noves flors i fruits. És un efecte semblant al del pebrot. En aquestes hortalisses, si es deixa madurar en excés el fruit a la planta, s´atura la producció de noves flors i fruits. És com si la planta aconseguís el seu objectiu de reproduir-se i a partir d´aleshores, aturés la seva activitat i donés per acabat el cicle de vida. En alguns casos, no ens interessa que la planta utilitzi la seva energia per formar i madurar la llavor en lloc de produir nous fruits.

Moltes hortalisses de fulla, com l´enciam o l´espinac, es cullen abans de la floració. Si la planta floreix, la fulla agafa un gust amarg. En cas de dubte és preferible equivocar-se i collir la planta massa petita abans d´hora, que córrer el risc de perdre tota la collita.

La grandària de la planta o del fruit és un criteri que pot provocar errors. Sovint els horticultors urbans principiants esperen a collir un enciam fins que té una dimensió similar al que trobarien al mercat i no tenen en compte que, potser per falta de reg o excés de plantes a l´hort, el seu enciam no arribarà a ser gaire gran i perden l´oportunitat de consumir una amanida de gran sabor. Això no vol dir que no puguem arribar a produir hortalisses que no tinguin res a envejar a les del mercat pel que fa a la seva grandària, però aquest no ha de ser un objectiu principal, com ho és per a l´agricultor professional.

El procés de recol·lectar sovint és més delicat del que hom pensa. En hortalisses en les quals la planta ha de seguir produint, com la pebrotera o la mongetera, utilitzarem unes tisores o un ganivet per tallar el fruit amb cura de no malmetre la planta.

Cada hortalissa té el seu moment òptim de collita.

EL CLIMA

El calendari de cultius i les tasques de l´hort depenen bàsicament del clima de la nostra regió, i la variable més determinant del clima per a un hort de balcó és la temperatura. Els quatre factors més importants que determinen el clima de la nostra ciutat són els següents:

- *La proximitat al mar.* La proximitat al mar tempera les oscil·lacions tèrmiques. A les poblacions costaneres, els estius són menys càlids i els hiverns menys freds. També tenen més humitat ambiental, que pot comportar una major incidència de malalties, especialment fongs que malmeten les fulles. Les zones d´interior tenen temperatures més extremes. Les glaçades a l´hivern són més fortes i freqüents i l´estiu sol ser molt calorós, tot i que a les nits les temperatures són més fresques que a la costa.
- *L´altura respecte al mar.* A més altura les temperatures són més fredes, com a mitjana un grau centígrad cada 100 metres. En algunes situacions particulars, però, zones de menys altura tenen temperatures més fredes que zones properes més altes i, per tant, glaçades més intenses a l´hivern. Aquest fenomen és conegut com a inversió tèrmica i és degut a l´acumulació d´aire fred, que és més dens, a les valls i fondalades.
- *La presència de muntanyes i serralades* és el tercer factor important que determina el clima. Té molta influència en les pluges. És el cas, per exemple, dels vents del nord i nord-oest que, quan arriben a la Serralada Cantàbrica o als Pirineus, provoquen precipitacions, especialment al vessant nord de les muntanyes.
- *La latitud.* En els climes temperats de l´hemisferi nord, com més al sud les temperatures són més suaus i la radiació solar és major.

La península Ibèrica és molt muntanyosa i variada i això fa que hi hagi molta diversitat de climes. En general podem afirmar que el clima peninsular és mediterrani, amb un estiu sec i calorós i un hivern temperat. Una classificació força simple, però que és bastant pràctica per planificar els cultius de l´hort, divideix els climes de la Península en tres grans grups:

- *Climes continentals.* Són les zones de l´interior, lluny de la influència del mar. Les glaçades a l´hivern són freqüents i importants. Els cultius d´hivern es limiten a plantes resistents al fred i les sembres de primavera i estiu s´han de fer a partir dels mesos en que el risc de glaçades és baix, abril-maig, normalment. En aquestes zones és recomanable realitzar planter protegit de les hortalisses d´estiu per aprofitar millor els mesos de calor.
- *Climes costaners.* Inclou les zones amb influència de la costa. L´hivern és més suau i les glaçades són poc habituals. Es pot cultivar molta més varietat d´hortalisses durant l´hivern i les sembres d´algunes espècies a la primavera es poden avançar molt més.
- *Climes de muntanya.* Són les zones elevades, en les quals les glaçades s´allarguen fins al mes de maig i l´estiu és curt i relativament fresc. Les sembres d´estiu es fan més tard, per escapar del fred, i és difícil conrear algunes plantes de ple estiu, com l´albergínia, el meló o la síndria.

L'HORT URBÀ, MES A MES

Per planificar bé l´hort al balcó, cal tenir en compte les característiques climàtiques particulars de cada regió. L´experiència és el millor mestre i potser la manera més pràctica de planificar és conèixer un pagès de la nostra zona que ens pugui orientar sobres les dates de sembra i recol·lecció i les varietats de cultius que s´utilitzen.

Tot i això, cal tenir en compte que l´hort al terrat té unes característiques particulars que el diferencien de l´hort tradicional. Les temperatures del recipient són més extremes que les temperatures del terra. Les glaçades tardanes ens poden fer més mal del que és normal i les elevades temperatures de l´estiu poden ser problemàtiques per a algunes hortalisses. Una altra diferència és el fet que a les grans ciutats es crea un microclima particular, més càlid que a l´entorn, i també cal tenir en compte que alguns terrats poden estar molt exposats als vents.

És possible que algunes hortalisses no es cultivin a la nostra zona degut al tipus de sòl, la falta d´aigua de reg, o que no siguin acceptades pel mercat local. Aquests aspectes no són importants en el cultiu en recipients.

Per tant, les pràctiques habituals dels agricultors de la nostra zona serà una informació molt valuosa i que ens pot servir de referència a l´hora de planificar el nostre hort. Però, a la llarga, l´experiència de cadascú és la que permet adaptar el sistema de cultiu a les condicions particulars de cada terrat. Sempre serà molt útil i recomanable l´intercanvi d´experiències entre horticultors urbans d´una mateixa ciutat o regió.

A continuació presentem un calendari de feines de l´hort que us pot servir de referència però, insistim, caldrà adaptar-lo a les particularitats de cada ciutat.

A les dues pàgines següents: **Calendari de feines**

	Estació	Feines	Sembres	Planter	Trasplantaments	Collites
HIVERN	Els dies són curts i les temperatures, fredes. A mesura que avança l'hivern el dia es va allargant.	L'època de menor activitat de l'hort. Si hem arrancat totes les plantes podem remenar el substrat i afegir-hi compost. Cal regar poc. Podem aprofitar per planificar la primavera i aconseguir llavors.	No recomanem fer gaires sembres durant aquesta època. A partir de febrer es pot sembrar all, ceba, espinac, nap, rave, ruca, fava, pèsol, pastanaga i patata. En climes suaus, amb poc risc de glaçades, les sembres es poden avançar.	En climes temperats es pot fer planter protegit d'enciam, col, porro, remolatxa i ceba. En climes càlids, podem començar a fer planter de les hortalisses d'estiu en un lloc protegit: albergínia, alfàbrega, carbassó, cogombre, pebrot i tomàquet.	No és recomanable fer gaires trasplantaments fins a finals d'hivern, quan podem trasplantar bleda, ceba, col i enciam.	Bleda, ceba tendra, col, coliflor, nap, pastanaga, porro i remolatxa. En climes temperats, es pot collir api, enciam, escarola, fava, herba dels canonges, pèsol i rave.
PRIMAVERA	El dia ja és bastant llarg però en moltes regions encara hi ha risc de glaçades tardanes que poden malmetre les plantes.	Les plantes creixen amb rapidesa. Cal vigilar el reg, les plagues i les males herbes. Entutorar i podar.	Es pot sembrar quasi tot: all, api, bleda, enciam, espinac, nap, pastanaga, patata, pèsol, rave, remolatxa, ruca. Quan desapareguin els riscos de glaçades podem començar amb hortalisses d'estiu com el blat de moro, la carbassa, el cogombre, el meló o la síndria.	Api, ceba, enciam, porro i hortalisses d'estiu en zones sense risc de glaçades o en lloc protegit.	A principis de primavera, bleda, ceba, col, enciam i porro. A mitjans de primavera o a principis, si estem en una regió de clima càlid, es poden trasplantar les hortalisses d'estiu. Només en regions de muntanya, amb climes molt freds, hem d'endarrerir el trasplantament d'hortalisses d'estiu fins al mes de maig.	Api, bleda, col, coliflor, fava, nap, pastanaga, pèsol, porro i remolatxa. Començarem a collir hortalisses de cicle curt com l'enciam, el rave o la ruca.

ESTIU	És l'època de temperaturas més elevades de tot l'any i, per tant, de més evaporació. Els testos s'escalfen molt i les plantes poden patir estrès per excès de temperatura.	Vigilar el reg, les plagues i les males herbes. Asprar i podar. Si el terrat és molt assolellat pot ser convenient protegir les plantes amb una estructura que doni una mica d'ombra, des del juliol fins a mitjans d'agost.	Sembrem hortalisses d'estiu com el blat de moro, la carbassa, el meló o la mongeta. A partir de mitjans o finals d'agost, quan les temperatures baixen una mica, comencem a fer sembres d'hortalisses de tardor com bleda, herba dels canonges, pastanaga, rave o ruca.	Fem planter d'hortalisses que cultivarem a la tardor, com bleda, ceba, col, coliflor, enciam, escarola.	Fins al juliol podem fer els darrers trasplantaments d'hortalisses d'estiu.	És una època de moltes collites: api, bleda, ceba, enciam, rave, ruca i collites d'hortalisses d'estiu com el carbassó, el cogombre i el tomàquet.
TARDOR	La duració del dia es va escurçant, les temperatures són més fredes i la meteorologia, més variable. A mitjans de la tardor, en algunes regions poden aparèixer les primeres glaçades.	Vigilar el reg, les plagues i les males herbes. Eliminar les plantes d'estiu que han acabat el seu cicle i preparar l'hort per a les sembres de tardor. Afegir compost.	Bleda, espinac, fava, herba dels canonges, pastanaga, pèsol, rave, ruca.	Bleda, ceba, col, coliflor, enciam d'hivern, escarola, remolatxa.	Bleda, col, enciam, escarola, porro.	A principis de tardor realitzarem les darreres collites de pebrots, tomàquets i les altres hortalisses d'estiu. Collirem ceba tendra, col, coliflor, enciam, escarola, pastanaga, pèsol, rave.

	Prod.	Dif.	Vol
Bleda	15	B	25
All	3	B	3
Alfàbrega	3	B	5
Api	12	M	10
Albergínia	20	M	30
Moniato	3	A	10
Carbassó	20	A	30
Carbassa	10	A	60
Canonges	2	B	1
Ceba	15	B	3
Col	8	M	25
Coliflor	5	A	15
Escarola	5	M	4
Espinac	4	M	2
Pèsol	1	B	5
Fava	2	M	5
Mongeta	2	M	15
Enciam	8	B	3
Blat de M.	3	M	10
Nap	5	M	3
Meló	6	A	30
Patata	3	M	10
Cogombre	25	M	20
Julivert	1	M	5
Pebrot	10	M	15
Porro	6	B	4
Rave	2	B	1
Remolatxa	4	B	4
Ruca	3	F	1
Síndria	8	A	40
Tomàquet	20	A	20
Pastanaga	5	M	2

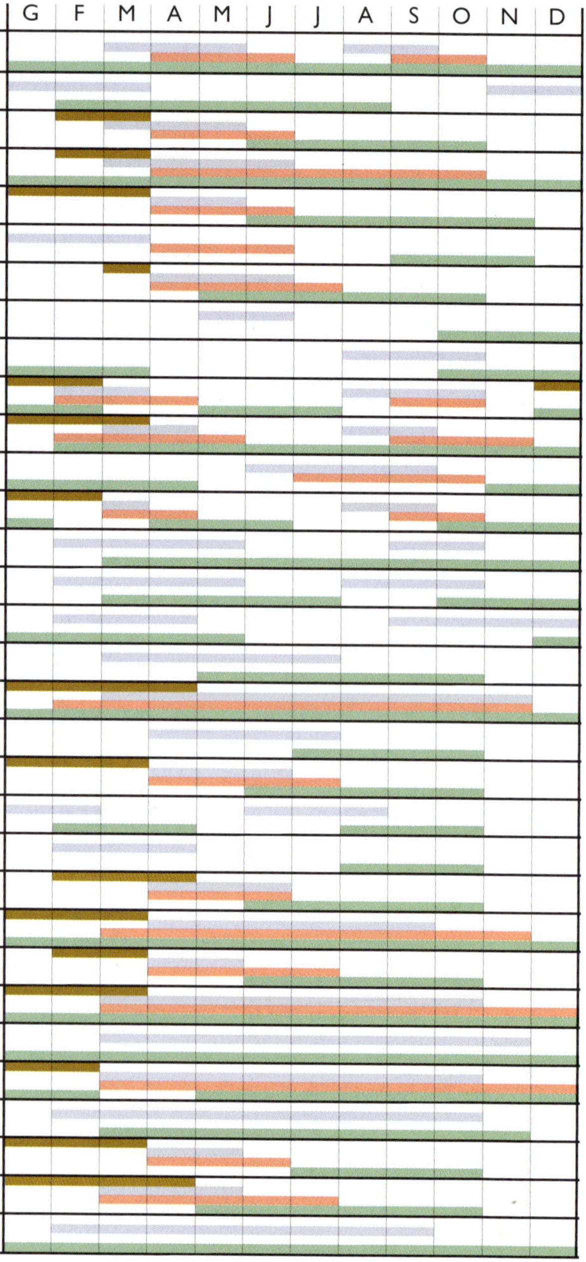

Sembra protegida | Sembra a l'aire lliure | Trasplantament | Collita

Calendari de cultiu.

PRODUIR PER A L'AUTOCONSUM

El plantejament més habitual d´un hort al balcó és que la producció serveixi per a l´autoconsum de la família. En teoria això significa que si cada setmana es consumeix un enciam, cada setmana cal plantar un enciam per igualar les necessitats amb la producció. Aquest plantejament no s´ha d´agafar al peu de la lletra, ja que el període de collita de l´enciam es pot allargar vàries setmanes. El que és evident és que si plantéssim molts enciams de cop, ens trobaríem que en el moment de la collita tindríem un excés de producció que hauríem de repartir entre els veïns i la família.

En algunes plantes de cicle llarg, no és necessari esglaonar la producció perquè produeixen contínuament. En aquests casos, com per exemple la cogombrera, és possible que una sola planta doni fruit suficient per abastar les necessitats de la família durant uns mesos. Si tenim espai i produïm en excés, podem realitzar conserves, que ens permetran gaudir del nostre hort en l´època hivernal.

La producció esglaonada i variada de l´hort al balcó dóna un aspecte selvàtic i desendreçat molt diferent dels camps de conreu dels agricultors professionals. Aquest aspecte, però, és una de les característiques típiques dels horts urbans.

Aspecte selvàtic d'un hort urbà a l'estiu.

LA COMPATIBILITAT ENTRE PLANTES

Totes les plantes necessiten llum, aigua i nutrients per créixer. Quan dues plantes creixen una al costat de l´altra i no hi ha prou llum, aigua o nutrients per a les dues es pot donar una situació que anomenem de competència, en la qual les plantes es molesten entre elles. Les fulles es fan ombra i les arrels cerquen l´aigua i els nutrients, i segreguen substàncies que poden perjudicar el creixement d´altres espècies. La competència entre plantes també pot ser deguda a la transmissió de malalties entre elles. Per exemple, la favera i la pesolera són molts propenses a tenir pugó negre. Si creixen juntes en un mateix recipient i una de les dues és infectada pel pugó, l´altra no trigarà gaire a presentar la mateixa plaga.

Les espècies compatibles poden créixer al mateix recipient.

La competència entre dues plantes es dóna quan creixen simultàniament en el mateix lloc i ve molt determinada per la separació que hi ha entre elles. En el cultiu en recipients aquest és un aspecte més important que en l´hort a terra. Degut a la poca profunditat dels recipients les arrels de les plantes creixen horitzontalment i es troben amb les arrels de les altres hortalisses que hi ha al mateix contenidor.

Per les mateixes raons que dos cultius es perjudiquen si conviuen en el mateix recipient, també es poden perjudicar si se succeeixen en el mateix lloc. Per exemple, si després de collir enciam en un contenidor, n´hi tornem a plantar, el segon enciam es pot trobar que li falti algun dels nutrients; que les arrels del cultiu anterior hagin emès substàncies perjudicials per al seu creixement o que agafi alguna malaltia o alguna plaga del cultiu anterior.

En general podríem pensar que tots els cultius es fan competència i, per tant, es perjudiquen. Però en realitat hi ha cultius que no només no es perjudiquen, sinó que es beneficien. Aquest benefici entre cultius pot ser degut a que les dues plantes tenen necessitats de nutrients i llum força diferents i complementàries, o bé a que una de les dues plantes té un efecte preventiu sobre alguna plaga o malaltia de l´altra. Per exemple, la presència de ceba a prop de la pastanaga repel·leix la mosca de la pastanaga, que és una plaga important.

La compatibilitat entre cultius és una informació important i que cal que tinguem sempre present per saber quines plantes podem cultivar simultàniament en un mateix contenidor i també quines plantes podem plantar quan haguem acabat el cultiu d´una espècie. Una primera classificació orientativa seria la següent:

Plantes compatibles. En el cultiu simultani de les dues plantes hi ha un benefici respecte al cultiu per separat. L´aprofitament dels recursos (aigua, llum i nutrients) és millor i la incidència de plagues menor.

Plantes incompatibles. En el cultiu simultani de les dues plantes hi ha un perjudici respecte al cultiu per separat. Hi ha competència pels recursos i/o major incidència de plagues.

Plantes indiferents. No sol existir cap perjudici ni cap benefici entre les plantes.

	Bleda	Xicoira	All	Alfàbrega	Api	Albergínia	Borratja	Carbassó	Carbassa	Ceba	Col	Escarola	Espinac	Pèsol	Fava	Mongeta	Enciam	Blat de M.	Meló	Nap	Patata	Cogombre	Pebrot	Porro	Rave	Remolatxa	Síndria	Tomàquet	Pastanaga
Bleda	❀										♋					♋							♋		♋			♋	♋
Xicoira		❀											♋												♋				
All			❀	♋		♋					●	♋		●	●	●	⌘					♋	⌘	●		♋		⌘	♋
Alfàbrega				❀												♋						♋	♋					♋	
Api					❀	♋					⌘		♋			⌘					●	♋		⌘	♋			⌘	●
Albergínia			♋		♋	❀	♋			♋	♋	♋	♋			♋	♋				♋	●		♋	♋				♋
Borratja						♋	❀						♋									♋							
Carbassó								❀						♋		♋	♋				♋								
Carbassa									❀		♋					♋	♋	♋			●								
Ceba						♋				❀	♋	♋		●		●	⌘		♋			⌘		♋		♋	♋	⌘	⌘
Col	♋		●		⌘	♋			♋	♋	❀	♋	⌘	♋		♋	⌘			♋	⌘	♋	⌘	♋		⌘		♋	♋
Escarola			♋			♋				♋	♋	❀	♋											♋					
Espinac		♋			♋	♋	♋				⌘	♋	❀	♋	♋	♋	♋						♋	♋	⌘			♋	
Pèsol			●					♋		●	♋		♋	❀		●	♋	♋	♋	♋		⌘	♋	●	♋		♋	♋	⌘
Fava			●										♋		❀		♋	♋			⌘			●					
Mongeta	♋		●	♋	⌘	♋		♋	♋	●	♋		♋	●	●	❀	♋	⌘			♋	⌘	♋	●	♋	●		♋	♋
Enciam			⌘			♋		♋	♋	⌘	⌘		♋	♋	♋	♋	❀		♋	♋		⌘	♋	⌘	⌘	♋	♋	⌘	⌘
Blat de M.									♋					♋	♋	⌘		❀	♋		♋	♋					♋		
Meló										♋				♋			♋	♋	❀										
Nap											♋			♋			♋			❀		♋			●	♋			
Patata					●	♋		♋	●		⌘				⌘	♋		♋			❀	●	●	♋	♋			●	♋
Cogombre			♋	♋	♋	●	♋			⌘	♋			⌘		⌘	⌘	♋		♋	●	❀			♋	⌘		●	
Pebrot	♋		⌘	♋							⌘		♋	♋		♋	♋				●		❀	♋	♋				
Porro			●		⌘	♋				♋	♋	♋	♋	●	●	●	⌘				♋		♋	❀	●	♋		♋	⌘
Rave	♋	♋			♋	♋							⌘	♋		♋	⌘			●	♋	♋	♋	●	❀			♋	⌘
Remolatxa			♋							♋	⌘					●	♋			♋		⌘		♋		❀			
Síndria										♋				♋			♋	♋									❀		
Tomàquet	♋		⌘	♋	⌘					⌘	♋		♋	♋		♋	⌘				●	●		♋	♋			❀	⌘
Pastanaga	♋		♋		●	♋				⌘	♋			⌘		♋	⌘				♋			⌘	⌘			⌘	❀

Taula de compatibilitats. ♋ compatibles ⌘ molt compatibles ● incompatibles

Algunes regles pràctiques respecte a la compatibilitat de cultius:

- Com més semblants siguin dues plantes, més incompatibles, ja que tenen les mateixes necessitats de nutrients, aigua i llum, les arrels i les fulles són iguals i són sensibles a les mateixes malalties.
- Per les raons exposades en el primer punt, és preferible el cultiu de plantes diferents. En la pràctica, sovint es planten juntes hortalisses de la mateixa espècie.

  El que no és gens recomanable és plantar la mateixa espècie en el mateix recipient dues vegades seguides.
- Les plantes grans i de cicle molt llarg tenen arrels molt potents que no permeten el creixement d´altres plantes en el contenidor, sobretot a partir del moment en què la planta s´ha desenvolupat al màxim. És el cas de l´alberginiera, la carbassonera i la tomaquera, les quals poden formar part d´una associació amb plantes més petites durant la fase d´establiment del cultiu.

Vet aquí algunes de les associacions simples més útils en el cultiu en recipients:

Ceba i enciam.

Ceba i pastanaga.

Rave i enciam.

EL CULTIU EN SUCCESSIÓ

No n´hi ha prou només amb pensar quines plantes conviuran en el mateix recipient, cal tenir en compte també quant de temps hi coincidiran juntes. És possible que una de les hortalisses que vulguem associar tingui un cicle de cultiu molt més curt. En aquest cas podem escollir que coincideixi al principi o al final de l´hortalissa de cicle més llarg. També podem provar que coincideixi el final del cicle d´una de les plantes amb el començament de l´altra, fent un cultiu en relleu. Totes aquestes possibilitats formen part del que anomenem el cultiu en successió, que es pot considerar una variant de l´associació de cultius. Per planificar-lo haurem de tenir en compte la taula de compatibilitats entre cultius i la duració dels cicles.

Per exemple, sembrem unes llavors de rave i, al costat, una planta d´enciam i una planta de tomaquera. El rave creix ràpidament i es cull en 30 dies. Després de collir el rave, l´enciam comença el màxim desenvolupament i el collim al cap de 60 dies, just quan la tomaquera comença a fer fruit i ombra. Així doncs, aconseguim que els tres cultius no es facin nosa durant una part important del cicle i aprofitem al màxim l´espai. Diem que es van succeint. Aquest és un dels trucs que permet augmentar molt el rendiment d´un petit recipient de cultiu

Exemple d´associació de primavera

A principis d´abril plantarem dues fileres de 4 enciams separades uns 45 cm i amb intervals d´uns 35 cm entre plantes; entremig dels enciams trasplantem dues plantes de ceba i al mig de la taula sembrem una filera de pastanagues i dues fileres de raves.

La taula de cultiu just després de trasplantar i fer les primeres sembres.

Durant les primeres setmanes, l´enciam i el rave creixen més ràpidament que la ceba. La pastanaga té una germinació bastant lenta i trigarà més a desenvolupar-se.

Quatre setmanes després de la sembra, els quatre cultius han ocupat tota la taula i dóna la sensació que hi ha massa plantes en poc espai.

La taula tres setmanes més tard.

Un mes després de la sembra.

El rave de cicle curt té un cicle de 4 setmanes i ja es pot collir i deixar espai perquè els enciams creixin més.

Al cap de 5 o 6 setmanes ja podem anar collint els enciams a mesura que ens facin falta per a les amanides.

A principis de maig realitzem la collita dels raves.

Un cop acabada la collita dels enciams, quedaran només les pastanagues i les cebes. Les pastanagues es poden començar a

De seguida podem començar a collir enciams.

collir al final de juny i les cebes les podem collir de seguida, si les volem tendres, o esperar al començament de juliol, quan es marceixen les fulles, si volem assecar-les i conservar-les.

En 3-4 mesos haurem aconseguit 4 collites successives que ens han permès aprofitar l´espai amb el màxim rendiment.

Aspecte de la taula a mitjan maig, quan ja s'han collit la meitat dels enciams.

Al final de maig només resten a la taula la ceba i la pastanaga, que es mantindrà en cultiu fins al mes de juny.

EXEMPLES DE SUCCESSIONS

Les possibilitats de combinar cultius en recipients són gairebé infinites. En aquest apartat proposem vàries combinacions de cultius en successió perquè serveixin com a pauta per als més novells i com a inspiració per a aquells que vulguin planificar l´hort a la seva manera.

Hi ha molts aspectes que cal tenir en compte quan dissenyem una successió de cultius. El més important és que les plantes que convisquin en el mateix recipient siguin plantes compatibles, és a dir, plantes que no només no es molestin gaire, sinó que a més, cultivades juntes, es beneficiïn mútuament.

Un altre aspecte a tenir en compte és associar plantes amb cicles diferents. Les plantes de cicle curt, com el rave, la ruca, l´enciam o l´espinac, poden ocupar l´espai entre plantes de cicle més llarg, com és el cas del tomàquet, el carbassó, el cogombre o l´albergínia. Les hortalisses de cicle curt es colliran abans que les de cicle llarg comencin a produir i quan les de cicle llarg estiguin en plena producció, ja no es podrà cultivar cap més hortalissa, sobretot si el recipient és petit i les arrels n´ocupen tot el volum.

També cal tenir en compte l´espai que necessitarà cada planta per créixer. En molts casos, les hortalisses de cicle llarg són també les que creixen més i necessiten més espai, per exemple, l´albergínia, el tomàquet, el pebrot, el carbassó, el cogombre, la carbassa, la bleda o les cols. Però algunes hortalisses de cicle bastant llarg no es desenvolupen gaire i necessiten poc espai per créixer, com és el cas de la ceba, l´all, el porro, o el julivert. Sempre que sigui possible, convé combinar espècies grans amb altres de més petites.

Podem jugar molt amb les dates de sembra o trasplantament. En les successions que us presentem, es plantegen totes les sembres i trasplantaments fetes simultàniament. Però això no ha de ser sempre així. Si es vol tenir en compte l´efecte de la lluna sobre les plantes, cal sembrar les hortalisses de bulb o arrel en època diferent de les hortalisses de fulla o fruit. També es poden fer les sembres i associacions esglaonades per adaptar-se millor a la climatologia. Per exemple, si vivim en un zona d´interior, d´hivern fred, és possible que no puguem plantar tomaqueres fins al mes de maig. En canvi podrem trasplantar cebes o enciams, que són més resistents al fred, un mes abans.

El resultat d´una successió pot ser diferent segons la varietat que utilitzem. De cada espècie podrem trobar varietats de cicles més o menys llargs; per tant, la data de collita pot canviar bastant. També existeixen varietats nanes, que estan pensades per cultivar les plantes més juntes i obtenir fruits petits. En aquest cas cal modificar els espais de plantació que proposem.

Així doncs, les possibles combinacions de cultius són gairebé il·limitades. Entre les possibles combinacions que hem provat, n´hem escollit 9. A partir de cada proposta es poden fer variacions d´espècies, dates de sembra, o espai entre plantes. Per tant, no s´han d´utilitzar com una pauta rígida, sinó com un guió a partir del qual improvisar i experimentar.

Els dibuixos mostren combinacions per a taules de cultiu o jardineres de 140 x 70 cm, pràcticament un metre quadrat. Les mateixes combinacions es poden adaptar a jardineres més estretes si es redueix el nombre de línies de sembra. En el cas de jardineres rodones, podem combinar els mateixos cultius, però caldrà canviar la disposició i la quantitat de plantes. En aquest cas es pot plantar la planta més gran en el centre i les plantes més petites o de cicle més curt al voltant.

Successió 1

Associació típica de vàries hortalisses, cadascuna de les quals té un cicle diferent i permet obtenir collites esglaonades durant uns quants mesos.

Espècies: Tomàquet + ceba + rave + enciam.

Època: Primavera-estiu, a partir de quan ja no hi hagi risc de glaçades.

Procediment: Plantem tres tomaqueres separades uns 40 cm; entre les tomaqueres, dues plantes d´enciam separades uns 20 cm; a les vores, dues línies de cebes trasplantades de planter, a 15 cm de distància entre plantes; entre les cebes i els enciams sembrem una filera de raves.

Al cap d´una setmana s´aclareixen les plantes de rave. Cal eliminar les que sobrin fins a deixar una distància mínima de 5 cm entre plantes.

Un mes després de la sembra collim els raves i, a partir de les 6 setmanes, es poden començar a collir els enciams. Al començament d´estiu només quedaran les cebes i les tomaqueres. A mitjan estiu, quan les fulles de les cebes es marceixin, es cullen i només quedaran les tomaqueres, que produiran fins al final d´agost.

Si volem començar al principi de la primavera, quan les temperatures són encara una mica fresques, podem sembrar la ceba, l´enciam i el rave i, un mes més tard quan ja fa més calor, trasplantar la tomaquera.

Variacions: Ruca en lloc de rave, l´espinac en lloc de l´enciam, all o porro en lloc de ceba i pebrot o albergínia en lloc de tomàquet.

Es pot plantar tot al mateix temps, però si es vol avançar una mica o adaptar les sembres al cicle lunar, es poden trasplantar primer les cebes i els enciams i plantar el rave al principi de la primavera, i deixar la tomaquera per a unes setmanes més tard, quan les temperatures siguin més elevades.

Com qualsevol de les altres associacions, es pot adaptar a jardineres més petites si disminuïm el nombre de plantes. Si cal es pot associar la ceba i el rave en una mateixa filera. A tall d´exemple, el següent dibuix mostra l´adaptació a una jardinera de 40 x 100 cm.

Aquesta és una associació bastant ràpida, ideal per a impacients.

Espècies: Ceba + rave + enciam.

Època: Primavera o tardor.

Procediment: Trasplantem dues fileres d´enciams separats 25 cm. Entremig dels enciams sembrem raves. Entre les fileres d´enciams trasplantem cebes amb una separació de 10 cm.

Cal aclarir el rave per deixar una distància de 5 cm entre plantes. En un mes es cullen els raves i en 6-8 setmanes els enciams i, en 10 setmanes la ceba tendra.

Variacions: Podem canviar l´enciam per l´espinac i la ceba tendra per l´all tendre i el rave per la ruca. Si es vol seguir la successió durant l´estiu, podem trasplantar alguna tomaquera, alberginiera o pebrotera després de la collita dels enciams, però és preferible cavar el substrat abans de fer més trasplantaments.

Successió 3

És una associació similar a l´anterior, però hi afegim la pastanaga. És la que s´explica detalladament a l´apartat anterior.

Espècies: Ceba + rave + pastanaga + enciam.

Època: Primavera.

Procediment: Sembrem una filera de pastanagues amb llavor i aclarim les plàntules fins a deixar una separació de 5-10 cm. A 20-25 cm de distància hi plantem dues fileres d´enciams. En aquest cas la separació entre enciams és de 35 cm, per deixar espai per trasplantar-hi dues cebes entremig. Entre les pastanagues i els enciams, aprofitem per afegir un cultiu de cicle molt ràpid, com el rave.

En quatre setmanes es cull el rave i a partir de les 6 setmanes podem collir els enciams. Després, quedaran les cebes i les pastanagues. En aquest cas la ceba queda bastant espaiada i es pot cultivar fins a collir-la per assecar, al començament d´estiu. Pel que fa a la pastanaga, l´època de collita pot variar de 3 a 4 mesos després de la sembra.

Variacions: Les pastanagues es poden collir tendres, quan són petites i dolces; si es cull més tard, la pastanaga és més gran, fibrosa i, probablement, una mica torta degut a la falta de profunditat del recipient. La ceba també es pot collir tendra i així encara tindrem temps de fer algun cultiu d´estiu.

Podem canviar el rave per ruca i algun enciam per espinac.

Una combinació per a experts.

Espècies: Tomàquet + cogombre + rave + ceba + pastanaga.

Època: Primavera i estiu.

Procediment: Trasplantem dues tomaqueres i una cogombrera separades uns 40-50 cm.

A uns 25 cm de les tomaqueres plantem una filera de cebes i pastanagues. Entre aquesta filera i les tomaqueres es pot plantar un cultiu de cicle molt ràpid, com el rave.

En un mes podrem collir el rave o la ruca. En 2-3 mesos es cullen les pastanagues i la ceba, si la volem tendra; o un mes més tard, si la volem per assecar.

Les tomaqueres i la cogombrera donaran fruit durant la major part de l´estiu, fins que esgotin l´espai i els nutrients del recipient.

Variacions: Després de la collita de les cebes i les pastanagues, es poden sembrar mongetes o pèsols, que són plantes fixadores de nitrogen i poc exigents en nutrients.

Si volem avançar la sembra, podem sembrar primer el rave, la pastanaga i la ceba i esperar unes setmanes a trasplantar les tomaqueres i la cogombrera.

En lloc de tomàquet podem posar albergínia o pebrot i en lloc de cogombre, carbassó, carbassa, meló o síndria.

Successió 5

Aquesta és una successió amb molta varietat d´hortalisses, per si volem convertir el nostre hort en una selva.

Espècies: Tomàquet + ceba + remolatxa + col + enciam.

Època: Primavera.

Procediment: Hi ha tres plantes de cicle llarg que ocuparan la major part de l´espai, que són les dues tomaqueres i la col. La separació entre aquestes plantes ha de ser de 40-50 cm. Entremig de les tomaqueres i la col es trasplanten uns enciams, amb els quals aprofitarem l´espai mentre la col i les tomaqueres no es facin més grans. Al costat de les tomaqueres i la col sembrem una filera de remolatxa de taula amb un interval de 40 cm entre plantes i, entremig, es trasplanten unes cebes. La remolatxa es pot fer de llavor o de planter.

L´enciam i la remolatxa es cullen bastant aviat, a partir de les 6-8 setmanes. La ceba i la col es cullen a principis d´estiu, uns tres mesos després del trasplantament. La resta de l´estiu només quedaran les tomaqueres.

Variacions: Per aprofitar més l´espai que deixa la col es poden sembrar mongetes, si som a ple estiu, o pèsols, si som al final de l´estiu.

Podem posar pebrot en lloc de tomàquet i all o porro en lloc de ceba.

Successió 6

Una altra successió molt selvàtica però fàcil de fer.

Espècies: Tomàquet + espinac + rave + api.

Època: Primavera i estiu.

Procediment: Aquesta associació es basa en combinar una filera principal de tomàquet i api, que són dues espècies molt compatibles. Les tomaqueres se separen uns 50 cm i entremig s´hi trasplanta un api. A cada costat, a 25 cm, hi plantem dues fileres d´espinacs. Entre els espinacs i les tomaqueres sembrem una hortalissa de cicle molt curt, com el rave.

En un mes collim el rave i en un mes i mig comencem a collir l´espinac. La collita d´api la podem començar un mes i mig després del trasplantament i podem anar tallant fulles a mesura que ens faci falta. La tomaquera ocuparà la taula i ens donarà fruit tot l´estiu.

Variacions: Podem canviar la tomaquera per albergínia o pebrotera. En lloc de rave podem sembrar ruca.

Successió 7

Una combinació molt tropical i molt exigent en abonat. Només per a alumnes avantatjats.

Espècies: Blat de moro + cogombre + ceba + rave.

Època: Estiu.

Procediment: Plantem el blat de moro amb un interval d´uns 40 cm entre plantes. Té un cicle de dos a tres mesos. El cogombre se sembra entremig i es beneficia de l´ombra del blat de moro i, més endavant, utilitzarà la seva tija per enfilar-se. Tots dos es poden fer de llavor o de planter.

Entremig del blat de moro i del cogombre podem sembrar rave o ruca, que són plantes de cicle molt curt i ens permeten aprofitar l´espai durant el primer mes de cultiu. També hi afegirem unes fileres de ceba per collir-la tendra.

Variacions: En lloc de cogombre es pot provar amb altres cucurbitàcies, com el carbassó, el meló o la síndria. També hi podem afegir algun enciam en lloc del rave o canviar la ceba per all o porro.

Successió 8

Una successió per als mesos d´hivern, quan no sabem què posar.

Espècies: Fava, enciam i nap.

Època: Tardor-hivern.

Procediment: L´espècie principal d´aquesta successió és la fava, que es planta en dues fileres separades uns 40 cm. Entremig es trasplanta enciam combinat amb nap. L'enciam i el nap es cullen en 6-8 setmanes i la fava es desenvolupa durant la tardor i l'hivern i es comença a collir a finals d'hivern, fins a principis de primavera.

Variacions: Si es vol, el trasplantament de l'enciam i la sembra del nap es poden avançar una mica respecte a la sembra de la fava, d'aquesta manera podem augmentar una mica la densitat de plantes.

Si comencem la successió a finals de tardor, és preferible substituir algun enciam per l´escarola, que resisteix millor el fred. També hi podem afegir espinac. El nap es pot substituir pel rave o la ruca, que són de cicle més curt. En lloc de fava hi podem plantar pèsol, però tenint en compte que és menys resistent al fred de l'hivern.

SUCCESSIÓ 9

Per als amants de les cols.

Espècies: Col, bleda, escarola i porro.

Època: Tardor-hivern.

Procediment: En aquesta successió la bleda i la col són les espècies dominants. Es planten a una distància de 50 cm i al costat, a 25 cm, es planta una filera d´escaroles amb intervals d´uns 30 cm i una planta de porro entre cada escarola.

Aquesta successió es pot començar a la tardor. L´escarola es cull en 8-10 setmanes, al principi de l´hivern; el porro, un o dos mesos més tard. La collita de la col dependrà molt del clima i de la varietat, segurament serà uns 3 o 4 mesos després del trasplantament. La bleda es pot anar collint esglaonadament fins a la primavera, tallant les fulles grans i deixant les petites.

Variacions: Es pot canviar l´escarola per enciam i el porro per ceba o all. També es pot canviar la bleda per remolatxa de taula, tot i que, en aquest cas, es poden posar tres plantes en lloc d´una. Es poden plantar diferents tipus de cols: col de cabdell, col llombarda, coliflor i fins i tot bròquils o cols de Brussel·les.

En climes molt freds és preferible començar al final de l´estiu.

LA MATÈRIA ORGÀNICA A LA NATURA

De les restes vegetals i animals en diem matèria orgànica. La matèria orgànica es descompon en els seus components principals: diòxid de carboni, aigua i sals minerals. En fer-ho allibera energia. Si us hi fixeu, és el procés invers que hem vist a la fotosíntesi. D´aquest procés se´n diu de diverses maneres: combustió, quan cremem llenya; respiració, quan metabolitzem sucres; mineralització, quan això passa dins el sòl per efecte de la respiració de tots els organismes vius que hi ha (fongs, bacteris i artròpodes).

El nom de mineralització ja ens indica la presència de minerals que provenen de la matèria orgànica que s´ha descompost. Aquests minerals, abans formaven part de molècules orgàniques no solubles; ara, després de la mineralització d´aquestes molècules, la majoria estan disponibles perquè puguin ser absorbides per les arrels de les plantes.

Si les restes vegetals i animals es mineralitzessin completament així que arriben al sòl, es podria crear un excés de nutrients. També es podrien perdre aquests minerals per efecte de l´aigua, que s´enduria les sals sobrants i no en quedarien al sòl, i quan les plantes necessitessin nutrients per créixer ja no en trobarien.

Per sort, una part de la matèria orgànica es converteix en humus. L´humus no és matèria orgànica descomposta o mineralitzada, més aviat podríem definir l´humus com a matèria orgànica recomposta. El treball que han fet aquests artròpodes, fongs i bacteris dels quals parlàvem més amunt ha estat agafar la matèria orgànica tal i com la trobem al bosc (fulles, branquillons, troncs, insectes i altres animals morts, excrements, etc.), triturar-la i reteixir-la en uns compostos orgànics molt complexos que tenen unes qualitats especials molt interessants per a la vida i la nutrició de la vegetació. Aquestes qualitats són:

- El seu color fosc i olor agradable, que ajuda a reconèixer-lo.
- La seva estructura esponjosa, que permet que hi hagi aigua i aire dins la terra. L´aire i l´aigua són imprescindibles per al desenvolupament de les plantes cultivades.
- Per la seva composició química, fa de magatzem d´aigua i dels nutrients que hi ha dissolts a l´aigua, com el calci, el potassi, el magnesi, el ferro... De fet, és el millor magatzem de nutrients per a les plantes de què disposa la terra.
- L´humus es descompon lentament, i llavors allibera els seus components essencials i esdevé en si mateix aliment per a les plantes, que poden absorbir molts d´aquests components.

QUÈ ÉS EL COMPOSTATGE?

Cada cop se sent a parlar més del compost. A les ciutats es fa recollida selectiva de residus orgànics domèstics i es composten. Si tenim un jardí, aprofitem un racó per a abocar-hi els residus de la cuina i les restes del jardí i fem compost, i a les botigues especialitzades cada vegada és més habitual trobar compostadors.

El compostatge és un sistema de descomposició controlada de residus orgànics amb l´objectiu d´obtenir adob orgànic per a les plantes. De fet, quan fem compost estem imitant la natura, però de manera accelerada i en quantitats més grans. El nostre objectiu quan fem compost és aconseguir aquest preuat humus.

Pila de compostatge.

CONDICIONS BÀSIQUES DEL COMPOSTATGE

Quan fem compost no hem d´oblidar que qui fa la feina són els petits artròpodes, els fongs i els bacteris. No ens ha d´estranyar veure petits insectes i cucs –que són larves d´insectes– proliferant en la pila de compost. Són els encarregats de triturar finament les restes que hem abocat a la pila perquè els fongs i bacteris puguin teixir humus. Si volem que el procés sigui ràpid, és molt important donar les condicions de vida adients a tots aquests éssers vius.

- Humitat adequada, de l´ordre del 40% ja que els microorganismes descomponedors en necessiten per viure. El residu ha de tenir un aspecte humit però no ha de sortir aigua quan l´espremem amb la mà, ja que això voldria dir que té massa humitat.
- Aire, ja que els microorganismes necessiten oxigen per respirar (són aeròbics). Això s´aconsegueix remenant la pila o, en el cas de tenir el compost en recipients, amb estructures que afavoreixin la ventilació, per exemple obertures o forats. Per a millorar l´aeració de la pila també és necessari que hi hagi residus estructurants, com branques trinxades o fibres, que millorin la circulació de l´aire dins de la pila. Remenar la pila és una operació feixuga però molt beneficiosa per accelerar el procés, sobretot durant les primeres setmanes.
- Un equilibri entre residus rics en nitrogen i residus rics en carboni. Els residus rics en nitrogen són els que es descomponen ràpidament i fan mala olor (residus de cuina, fems d´animals i gespa). Els residus rics en carboni són els que triguen molt a descompondre´s i no generen males olors (serradures, paper, fulles seques o branques llenyoses).

❦ Una grandària dels trossos de residu de l´ordre de 10-50 mm. Com més petites són les partícules, més fàcilment es descomponen, però un residu massa petit pot dificultar que l´aire circuli per la pila. També és interessant que la mida inicial de les partícules a compostar sigui similar. Si hi ha alguna peça més gran trigarà més temps a compostar-se. Si totes les peces riques en carboni són molt grans (branques) i les riques en nitrogen són molt petites, no es lligaran i no es farà un bon compost, o trigarà molt a fer-se i perdrà nutrients durant el procés.

❦ Si podem fer una pila de compostatge amb una quantitat mínima d´uns 200 litres de residus, aconseguirem que al cap de pocs dies de començar el procés la temperatura a l´interior arribi, com a mínim, a 50 °C i, per anar bé, sobrepassi els 60 °C. Les elevades temperatures de la pila eliminen les llavors de males herbes i patògens i eviten la proliferació de mosques i altres insectes.

RESIDUS RICS EN CARBONI	
Serradures.	Molt útils quan tenim residus molt humits, per evitar massa lixiviats.
Paper.	Són fibres de cel·lulosa que es descomponen ràpidament. Si se'n posa molt, pot dificultar l'aeració de la pila.
Tiges de flors.	Cal trossejar-les.
Fulles seques.	No més d'un 20% a la pila.
Branques llenyoses.	Trossejades són un bon element estructurant. Si en tenim moltes pot ser necessari una màquina per trinxar-les.

RESIDUS RICS EN NITROGEN	
Restes de fruita i verdura.	Contenen molta aigua i dificulten l'aeració de la pila. Cal barrejar-los amb residus estructurants.
Gespa.	Tendeix a compactar la pila i a dificultar l'aeració. Cal barrejar-la amb residu estructurant.
Fulles i branques tendres.	Cal esmicolar-les.
Restes de carn i peix.	Es descomponen lentament i poden provocar males olors i atraure mosques, si la pila no s'escalfa.

La temperatura és un indicador de l´evolució del procés de compostatge. El màxim s´obté en pocs dies. La pila es manté calenta, per sobre de 50 ºC durant unes quantes setmanes fins que comença a refredar-se. Quan la temperatura baixa per sota dels 40 ºC, el compostatge entra en la fase de maduració. Normalment el compost es pot utilitzar al cap de 3-6 mesos. En piles que s´han remenat poc o que tenen molts residus rics en carboni el procés de compostatge es pot allargar fins a un any.

Quan el compost està fet, va bé passar-lo per un sedàs. Podem fer servir una caixa de fruita, d´aquelles de plàstic que hi ha a les parades del mercat i que tenen uns forats de 1-2 mm. Tot el que sigui més gran que el sedàs torna al compostador i el resultat és un compost homogeni de molta qualitat, ja que l´hem fet a casa i n´hem controlat els ingredients.

Una prova senzilla per saber si el compostatge ha finalitzat i el compost és de bona qualitat és fer una prova de germinació. Es passa per un sedàs el compost per separar les partícules més grosses de les fines i fem una sembra de llavors, per exemple d´enciam, utilitzant la part fina del compost com a substrat. Si el compost és de bona qualitat, el percentatge de germinació haurà de ser molt elevat; un 90% de la llavor hauria d´haver germinat pocs dies després.

ELS COMPOSTADORS

Podem trobar al mercat unes caixes, sovint de plàstic, anomenades compostadors. La denominació de compostadors pot provocar una certa confusió i pot fer pensar que són una mena d´aparells que composten els residus. Com ja hem comentat, els veritables compostadors són els fongs, bacteris, insectes i altres organismes, i nosaltres hem de procurar que les condicions siguin òptimes perquè aquests organismes puguin fer bé la feina.

Hi ha molts models de compostadors de jardí. Són caixes de 120 fins a 1.000 litres o més de capacitat. Normalment són de plàstic, amb orificis de ventilació, i en alguns casos tenen portes que permeten treure el compost o barrejar-lo. Els compostadors de jardí no aporten gaires avantatges al procés de compostatge, més aviat el solen dificultar, ja que és més complicat barrejar la pila, que és una de les operacions més beneficioses per accelerar la descomposició dels residus. El compostador de jardí és interessant quan volem que els residus quedin més protegits del fred, la pluja o el vent, i, sobretot, quan volem que quedin una mica amagats. El compostador de jardí no farà que el procés de compostatge sigui més ràpid o millor, però la pila de residus quedarà més ben integrada al jardí.

EL COMPOSTATGE AL BALCÓ

La realització del compostatge tradicional al balcó o al terrat sol ser difícil perquè sovint no es disposa de la quantitat suficient de residu en un sol dia per fer una pila prou gran. A això cal afegir el problema que la majoria dels residus provenen de la cuina, són molt aquosos i provoquen fàcilment males olors i aigua bruta que surt per sota de la bossa o el recipient (lixiviat). La poca quantitat de residu, la falta d´aeració i l´excés d´humitat fan que la pila no s´escalfi i que provoqui olors desagradables. Tot i això, és possible fer compostatge amb petites quantitats de residu de cuina, però cal prendre més precaucions que en el compostatge de jardí.

Heus aquí un sistema senzill mitjançant petits recipients o testos. Es tracta de posar una capa de substrat o terra i, al damunt, una capa de residus d´uns 25 cm. Finalment es cobreix amb una altra capa d´uns 25 cm de substrat o terra que fa de filtre de les males olors. Els residus han d´estar esmicolats. Com a recipient es pot utilitzar un test. El procés és aeròbic, perquè el substrat afegit a sobre permet la circulació de l´aire vers els residus, i les males olors i les mosques es redueixen molt gràcies a la capa de substrat superficial. Al cap de 2 mesos es pot remenar el residu i deixar madurar durant un o dos mesos més. L´inconvenient d´aquest sistema és que ocupa molt d´espai en proporció a la quantitat de residu que és capaç de compostar.

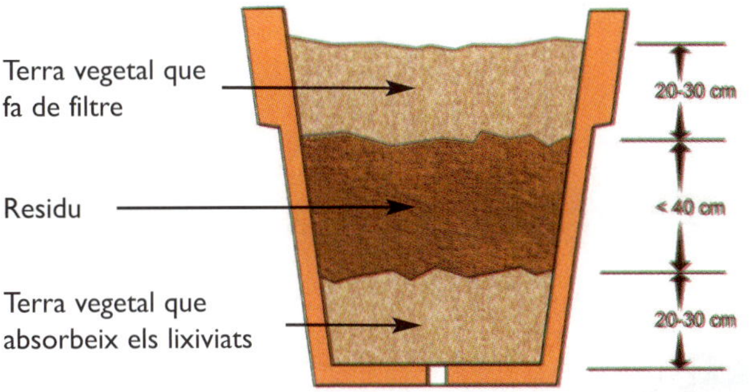

També existeixen alguns compostadors de jardí petits que poden adaptar-se a terrats o balcons relativament grans. En aquests casos cal preveure que el líquid en forma de lixiviat que pugui sortir del compostador no embruti el terra. Això es pot aconseguir amb una safata o afegint residus que redueixin la humitat de la pila, com serradures o paper. La utilització d´aquests compostadors en un terrat presenta dos inconvenients:

Compostatge en un contenidor de 30 litres.

Normalment no es disposa de prou residu per omplir-lo i, per tant, es va omplint de mica en mica i no s´aconsegueix un augment de la temperatura prou intens per evitar la proliferació de mosques i l´eliminació de les llavors de males herbes.

Un compostador al terrat del Centre Cívic de la Sagrada Família de Barcelona.

Les restes de cuina generen molta aigua quan es descomponen i això dificulta la ventilació de la pila i augmenta les males olors. Per evitar això cal aconseguir residus que donin estructura a la pila, com branques trinxades i residus secs i rics en carboni, com serradures o closques de fruits secs.

EL VERMICOMPOSTATGE CASOLÀ

Eisenia foetida.

L´alternativa al compostatge tradicional és el vermicompostatge casolà, el compostatge de petites quantitats de residu de cuina amb l´ajut del cuc de terra, el cuc vermell de Califòrnia (*Eisenia foetida*). És un cuc de terra especialment idoni per a reciclar la matèria orgànica en descomposició. A diferència d´altres cucs de terra, aquesta espècie és molt prolífica, viu més temps, és molt voraç i és capaç de viure en grans densitats, fins a més de 30.000 individus en un metre quadrat.

Aquest tipus de compostatge es pot fer en una capsa qualsevol o en vermicompostadors especials que es poden trobar en botigues especialitzades. Els vermicompostadors tenen orificis que faciliten l'aeració i safates que recullen els lixiviats que es produeixen durant el procés.

Com tots els cucs de terra, però, el cuc vermell només menja matèria orgànica en descomposició i no matèria orgànica fresca. Per tant, cal utilitzar residus que es descomponguin ràpidament i siguin digeribles pel cuc de terra en el mínim temps possible. En cas de posar molts residus que els cucs de terra no puguin menjar, poden aparèixer males olors i mosques. Cal, doncs, anar molt en compte amb el tipus de residu i la quantitat que hi posem.

Residus idonis per al vermicompostatge:

- Residus de fruita dolça. Solen tenir un contingut en sucres elevat i atrauen molt el cuc de terra. És espectacular l'efecte de la polpa del meló.
- Residus verds de verdures, enciam, etc.
- Marro del cafè i restes d'herbes d'infusions. Com que ja venen molt trossejats es descomponen i són digerits ràpidament pels cucs de terra.
- Les closques d'ou. Es poden afegir trossejades. És un material que és mineral i, per tant, no és digerit pel cuc de terra, però a mesura que es vagi descomponent aportarà calci, que és molt important per al creixement dels cultius.

Residus no apropiats per al vermicompostatge:

- Restes àcides, com la pell dels cítrics (taronges, mandarines, llimones, etc.).

  Se'n pot posar una mica, però triguen més temps a ser digerides pel cuc de terra i creen un pH àcid que no li agrada al cuc.

- Restes d´origen animal, carn o peix. Es descomponen lentament, generen males olors i atrauen molt les mosques i altres insectes.
- Restes molt fibroses, com la pell de plàtan. Tenen una descomposició bastant lenta. Si en posem, ha de ser en poca quantitat.

La quantitat de residu que es pot posar en una caixa de vermicompostatge depèn de la densitat de cucs que tinguem. Com més elevada sigui la densitat, major la quantitat de residu que seran capaços de consumir. Cal anar cercant l´equilibri entre la població del cuc de terra i el residu que s´hi pot afegir. Un excés d´aliment pot generar males olors i mosques i un dèficit farà que la població de cucs no augmenti o fins i tot que disminueixi. Per a una caixa d´uns 40 cm de diàmetre es pot aconseguir una quantitat de 3.000 cucs de terra, i que poden necessitar de l´ordre de 0,5 kg d´aliment cada dia.

Per afavorir la descomposició del residu i que pugui ser consumit pel cuc el més aviat possible, cal un maneig molt acurat. Els factors d´humitat, aeració i grandària de les partícules de residu exposats anteriorment també són aplicables al vermicompostatge. Durant el procés seguirem les recomanacions següents:

- Trossejar els residus fins a 50 mm de grandària, si és possible.
- Acumular-los en un recipient durant uns dies perquè comencin a descompondre´s i, quan els aboquem al vermicompostador, siguin més ràpidament digerits pels cucs.
- Quan aboquem el residu al vermicompostador, tapar-lo amb residu descompost perquè faci de filtre de les males olors.
- Remenar sovint per afavorir l´aeració i accelerar el procés.

✿ No abocar més residu fins que el cuc vermell no hagi envaït les darreres deixalles que hi hem posat.

Quan el residu ha estat digerit i la caixa de compostatge ja està plena, cal extreure´n l´adob. Aquest procés el podrem realitzar quan els residus tinguin un aspecte d´humus i una olor agradable. Per aconseguir la separació, cal deixar de posar aliment a la safata i posar-lo en una safata inferior o en un extrem, si utilitzem una caixa de compostatge. El cuc de terra es desplaçarà fins a on hi ha l´aliment. Repetim el procés diverses vegades fins que només quedi adob orgànic.

Vermicompostatge en una caixa.

Vermicompostador.

Gairebé totes les hortalisses es poden cultivar en un recipient si aquest és suficientment gran i si seguim unes bones pràctiques de maneig. Algunes hortalisses molt grans i amb arrels molt profundes, com la carxofa, s´adapten amb més dificultat al cultiu en jardineres que altres i la collita que se n´obté és molt minsa. Altres, com el rave o l´enciam, amb arrels poc profundes i cicles de cultiu ràpids són molt fàcils de cultivar.

El llistat d´hortalisses que oferim a continuació són les que hem cultivat amb èxit al nostre terrat. Algunes com l´enciam, el rave, la ruca o el tomàquet, les cultivem cada any; altres, com la carbassa, el moniato o la patata, no tan sovint.

Per a cada hortalissa hi ha un quadre on indiquem els cicles més recomanables per cultivar-la en un recipient. Aquests cicles estan pensats per a zones de clima temperat, d´hiverns amb glaçades lleugeres i estius calorosos. Si el vostre clima és diferent, haureu de modificar-los lleugerament. Per a moltes hortalisses hi ha varietats molt diferents que s´adapten a èpoques i climes diversos. La nostra proposta és la d´utilitzar les èpoques més adequades per a cada espècie, respectant la vocació de cada planta.

En els quadres també hi trobareu unes dades de producció per a un metre quadrat de recipient, per tal que pugueu calcular la capacitat productiva que pot arribar a tenir el vostre hort.

Finalment hi ha indicat el volum mínim de recipient que necessita cada espècie per desenvolupar-se correctament. Tot i que els usuaris novells solen estar molt preocupats per la fondària que ha de tenir el test, el que és més important és el volum total que tenen les arrels per desenvolupar-se. La majoria d´hortalisses poden créixer en recipients de 10 cm de fondària si tenen suficient volum, però una profunditat al voltant de 20 cm és òptima per a gairebé totes les plantes, tot i que les que formen arrels allargades, com la pastanaga, agraeixen disposar d´alguns centímetres més.

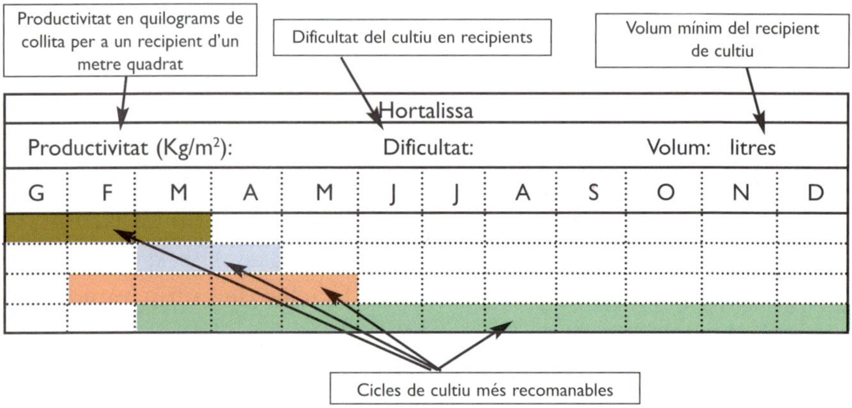

Hortalisses d´estiu

Són plantes d´origen tropical, que els agraden les temperatures elevades, per sobre de 30 ºC i l´elevada radiació solar. En climes temperats es solen trasplantar a mitjans de primavera i es cultiven durant l´estiu. A l´hivern es produeixen en hivernacles de zones càlides.

ALFÀBREGA

Una mica d´història

El nom prové de l´àrab *alhabáqa*. És originària de l´Índia, on és una planta sagrada. Fou coneguda des de molt antic per les civilitzacions mediterrànies. Per als antics grecs representava la desgràcia i la pobresa. Aquesta mala fama li va durar fins a l´edat mitjana. Actualment, a Itàlia, és considerada un símbol de l´amor.

Propietats nutricionals

És rica en essències, que li donen el seu sabor característic i les seves propietats aromàtiques i medicinals. Té fama d´afrodisíaca, d´estimular la gana i afavorir la digestió, antivomitiva i antireumàtica. Ajuda a reduir les inflamacions.

Com a medicinal, s´utilitza en infusions de fulles i flors seques o extractes d´olis d´essències.

A la cuina, es pot fer servir com a condiment la fulla o les flors seques, barrejades amb altres herbes, o també la fulla verda en amanides i salses. El sabor de l´alfàbrega es potencia barrejant-la amb l´all.

Una mica de botànica

El seu nom científic és *Ocimum basilicum* i pertany a la família de les labiades. Moltes plantes aromàtiques formen part d´aquesta família botànica (farigola, menta, orenga, romaní o sàlvia). Les labiades es caracteritzen per la presència d´aromes essencials i per una flor amb una forma molt especial adaptada a la pol·linització dels insectes (zigomorfa). L´alfàbrega és una planta anual amb unes fulles grosses i oposades. Les flors són petites, blanques, oloroses i atrauen les abelles.

Varietats

No s´ha de confondre amb l´alfàbrega de fulla menuda (*Ocimum minimum*), que té una aroma menys intensa i es fa servir per espantar els mosquits. Alguns productors de planter en subministraven als pagesos alguna mata perquè disposessin sempre d´un bri per portar a sobre i que els mosquits i les mosques no els molestessin durant les feines del camp.

Com cultivar

Com que és una planta de clima càlid, se sembra de llavor al començament o al final de la primavera. Segons l´ús que se li vulgui donar, es pot collir esglaonadament les flors o les fulles a partir de mitjan estiu. Si es tallen les branques, rebrota amb força i es poden obtenir diverses collites. Si es vol conservar, es pot assecar penjant-ne ramells cap per avall en un lloc sec i ventilat.

És una planta molt rústica, capaç de donar collita malgrat que no haguem adobat bé el substrat. També és molt resistent a la falta d´aigua. Li agrada bastant la llum directa del sol.

Alfàbrega												
Productivitat (Kg/m²): 3				Dificultat: baixa					Volum: 5 litres			
	G	F	M	A	M	J	J	A	S	O	N	D
Sembra protegida		■	■									
Sembra a l'aire lliure			■	■	■							
Trasplantament				■	■	■						
Collita						■	■	■	■	■		

Sembra protegida | Sembra a l'aire lliure | Trasplantament | Collita

Associacions de cultiu

Com que la seva aroma té efectes repel·lents sobre alguns insectes, és molt interessant cultivar-la a l´hort per repel·lir algunes plagues.

S´associa molt bé amb l´albergínia, l´all, el cogombre, el pebrot i el tomàquet.

Malalties i problemes

És una planta bastant rústica que no sol presentar gaires problemes. Si es rega en excés o hi ha humitat ambiental, pot patir algun fong a les fulles o mal d´arrel.

ALBERGÍNIA

Una mica d´història

És originària de l´Àsia. Els xinesos ja la cultivaven en el segle V a.C. A Europa no es va conèixer fins a l´edat mitjana, quan els àrabs la van introduir a la península Ibèrica, i posteriorment es va estendre als països mediterranis.

Propietats nutricionals

És rica en fibra, vitamines, minerals, flavonoides i molt baixa en calories. Se li atribueixen propietats diürètiques i un possible efecte anticancerigen. Les fulles i el fruit verd contenen solanina, que és un alcaloide tòxic. Cal doncs evitar el consum de les parts verdes.

Es consumeix cuita, fregida o a la brasa. Per eliminar-ne l´amargor, es pot deixar en sal uns 30 minuts i després netejar-la amb aigua.

Una mica de botànica

És de la família de les solanàcies, igual que la patata, el pebrot i el tomàquet. El nom científic és *Solanum melongena*. És una planta plurianual, o sigui, que creix i fructifica durant diversos anys, però en climes temperats es cultiva com a planta anual. La flor és bastant vistosa, de color rosat.

Varietats

Se solen diferenciar per la forma del fruit, arrodonit o allargat, i el seu color, negre, blanc, groc o violeta a ratlles (llistada). Les varietats més habituals als mercats són les negres i semillargues ja que són les més productives. La varietat llistada de Gandia és una varietat local fàcil de trobar als comerços. Té una forma arrodonida, la polpa de color blanc i és molt saborosa.

Potser és l´hortalissa a la que li agrada més el sol i la calor. Es cultiva a l´estiu, a partir del maig. Se sol fer mitjançant planter. En zones de climes freds, l´estiu és massa curt per a l´albergínia i l´època de collita molt petita per poder obtenir bones produccions. Es pot provar de fer planter a finals d´hivern, en un recipient gran, de 3 litres, i protegir-lo del fred durant la nit entrant-lo dins de casa. Quan el perill de glaçades desapareix, es trasplanta al recipient definitiu. Amb aquest sistema podem arribar a guanyar prop d´un mes de cultiu.

Té un sistema radical molt potent i un creixement molt gran. Les arrels s´estenen horitzontalment. Si té prou volum de substrat, és molt productiva. La poda afavoreix la formació de fruits i una maduració més ràpida, la qual cosa pot ser interessant en climes freds que tenen estius curts. Pot ser necessari asprar.

La collita comença als 2 mesos de la plantació i s´allarga fins que s´esgota el substrat o fins que els freds de la tardor aturen el creixement de la planta. El fruit es cull immadur, quan és una mica tou a la part superior, abans que formi les llavors.

Albergínia											
Productivitat (Kg/m²): 20				Dificultat: mitja				Volum: 30 litres			
G	F	M	A	M	J	J	A	S	O	N	D

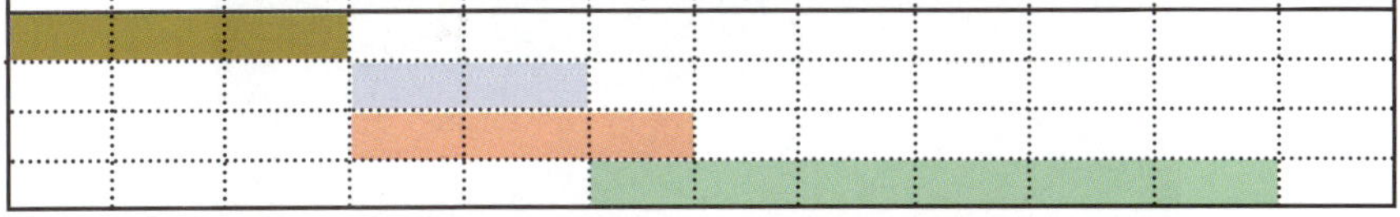

Sembra protegida | Sembra a l'aire lliure | Trasplantament | Collita

Associacions de cultiu

Com que té un potent sistema radical, no és gaire compatible amb altres hortalisses. Es pot combinar amb hortalisses de cicle curt, com l´enciam, durant les primeres setmanes de cultiu.

Malalties i problemes

Sol patir menys problemes que les altres solanàcies. Pot presentar atacs de pugó, mosca blanca o àcars. En condicions de molta humitat pot tenir alguna podridura causada per fongs a les fulles o als fruits.

MONIATO

Una mica d´història

El trobem present des d´antic a Amèrica i també a la Polinèsia. Alguns autors suggereixen que va arribar de la Polinèsia a Amèrica i altres a l´inrevés, no se sap ben bé com, sembla un misteri. El que sí que és clar és que no arribà a Europa fins al segle XVI, quan la van portar d´Amèrica. És un aliment bàsic per a molts països asiàtics, sobretot en climes càlids, als quals s´adapta molt millor que la patata.

Propietats nutricionals

És una bona font moderada de vitamines C i B i és ric en potassi, fibra i hidrats de carboni. Les varietats de tubercle de color groc i carbassa tenen un contingut elevat en betacarotè (vitamina A).

El tubercle es consumeix cuit de moltes maneres, al forn, fregit o bullit. Si es vol aprofitar millor el contingut en vitamina C, és preferible cuinar el tubercle sencer i amb pell, al forn. Forma part de moltes receptes de pastisseria tradicional, com els panellets de Tots Sants.

Una mica de botànica

És una convolvulàcia i el nom científic és *Ipomoea batatas*. És una planta enfiladissa però se sol cultivar com a prostrada. Pot arribar a estendre´s fins a dos metres. Fa moltes fulles en forma de cor, que cobreixen completament el recipient de cultiu. La planta acumula reserves a l´arrel donant lloc a tubercles, que són la part comestible. La flor és molt vistosa, amb els pètals soldats en forma de campana, de color blanc a violeta.

Varietats

Les podem diferenciar pel color de la polpa del tubercle: groga, rosada, carbassa o blanca. Hi ha varietats amb diferents grandàries de tubercle.

Com cultivar

És una planta tropical que necessita temperatures elevades i li agrada la humitat ambiental. Només es pot cultivar en zones de clima temperat.

Es reprodueix a partir de tubercles conservats de la collita anterior. Es planten al final de l´hivern en un lloc protegit del fred, i dels diversos brots que surten de cada tubercle se´n poden fer esqueixos. El sistema més senzill és dividir les plantes separant cada brot junt amb un tros de tubercle i arrels. Però també es poden fer esqueixos tallant trossos de tija i clavar-los a terra en un lloc protegit fins que arrelin.

El trasplantament cal fer-lo quan les temperatures són càlides, a mitjan o al final de la primavera. Les plantes se separen uns 50 cm entre elles. Abans, però, haurem fet un bon adobament, ja que és molt exigent en nutrients. També cal tenir cura que la planta no pateixi de manca d´aigua durant el cultiu.

La collita es realitza a partir de quan les fulles s´esgrogueeixen i s´assequen. El tubercle està madur si la polpa no segrega làtex quan es talla. Des del trasplantament a la collita poden passar de cinc a set mesos.

Moniato											
Productivitat (Kg/m²): 2-3				Dificultat: alta				Volum: 10 litres			
G	F	M	A	M	J	J	A	S	O	N	D
Sembra del tubercle	Sembra del tubercle	Sembra del tubercle									
			Divisió de plantes	Divisió de plantes	Divisió de plantes						
								Collita	Collita	Collita	

Sembra del tubercle — Divisió de plantes — Collita

Associacions de cultiu

Com que té un desenvolupament molt ràpid i invasiu, no es pot associar amb cap altra hortalissa.

Malalties i problemes

És una planta molt rústica que no sol patir cap problema de plagues ni malalties. Només el fred o el reg irregular poden fer que la planta o els tubercles es malmetin.

CARBASSÓ

Una mica d´història

És una planta germana de la carbassera, originària del centre i el sud d´Amèrica. Es cultiva des de fa milers d´anys i es va portar a Europa poc després dels viatges de Colom.

Propietats nutricionals

Conté quantitats interessants de vitamina C, flavonoides, àcid fòlic i minerals, com el potassi, el ferro i el zinc. És un aliment de fàcil digestió, amb propietats diürètiques.

Es consumeix el fruit immadur. El més habitual és consumir-lo cuit, formant part de sopes, cremes o saltats de verdures. Si es vol aprofitar millor la vitamina C, es pot menjar cru, en amanides. També es poden consumir les flors masculines arrebossades i fregides.

Una mica de botànica

És una cucurbitàcia i el seu nom científic és *Cucurbita pepo*, varietat condensa. També es coneix com a carbassa d´estiu, ja que es cull el fruit immadur durant aquesta època.

A diferència de les carbasses d´hivern, la planta té una tija de creixement limitat amb unes fulles molt grans, amb pecíols molt llargs. El fruit pot ser de diferents colors, de verd fosc a groc o gairebé blanc.

Varietats

Les varietats de carbassó es classifiquen pel color de la pell del fruit en varietats de fruit verd, groc o blanc.

Com cultivar

Com totes les plantes de la família de les cucurbitàcies, són vegetals d´origen tropical i, per tant, els agraden les altes temperatures de l´estiu. Es pot cultivar quan ja no hi ha perill de baixada de temperatures. La sembra es pot fer ben entrada la primavera o una mica abans, si podem fer planter en un racó protegit del fred.

La carbassonera ocupa molt d´espai. Necessita uns 50 cm de separació amb altres plantes i un mínim de 30 litres de substrat per a les arrels. És molt exigent en adob i aigua.

La falta de pol·linització de les flors femenines és un problema habitual del cultiu en balcons i terrats de grans ciutats degut a la falta d´insectes. Aquest aspecte s´accentua si cultivem una sola planta, ja que produeix més flors femenines que masculines i en molts moments no hi ha flors masculines madures que produeixin pol·len. Per aquesta raó, és recomanable cultivar-ne com a mínim dos exemplars i forçar la pol·linització manualment amb un pinzell.

La collita comença al cap d´un o dos mesos del trasplantament i és contínua durant tot l´estiu, fins que s´esgota la capacitat del nostre contenidor o arriben les temperatures fresques de la tardor.

El fruit es cull immadur, ja que els fruits massa madurs i massa grans són molt fibrosos i poc apreciats. El creixement dels fruits és molt ràpid i cal estar-hi molt atent, ja que en dos o tres dies la collita se´ns pot passar.

Carbassó												
Productivitat (Kg/m^2): 20				Dificultat: alta					Volum: 30 litres			
	G	F	M	A	M	J	J	A	S	O	N	D
Sembra protegida			■									
Sembra a l'aire lliure				■	■	■						
Trasplantament				■	■	■	■					
Collita					■	■	■	■	■	■		

Sembra protegida | Sembra a l'aire lliure | Trasplantament | Collita

Associacions de cultiu

Com que és una planta que ocupa molt d´espai, difícilment pot conviure amb cap altra hortalissa; però es pot associar amb verdures de cicle curt, que només conviuran amb el carbassó durant l´inici de cultiu. Per exemple, es pot associar amb enciam, rave o ruca.

Malalties i problemes

Els problemes més habituals són els pugons, la mosca blanca i els cargols i llimacs, que es mengen les fulles i poden fer malbé una planta acabada de trasplantar. A finals d´estiu, quan les temperatures són més fresques i la humitat ambiental major, és habitual que les fulles agafin oïdi.

CARBASSA

Una mica d´història

Les carbasses són plantes originàries del centre i el sud d´Amèrica. Es cultiven des de fa milers d´anys i es van portar a Europa poc després dels viatges de Colom. A Europa s´utilitzaren inicialment les llavors, però ben aviat es van conrear per la seva polpa.

Actualment és un cultiu molt estès arreu del món, especialment en les zones càlides i tropicals.

Propietats nutricionals

És molt rica en vitamina A (carotè) i altres antioxidants, potassi i fibra. Els antioxidants tenen propietats anticancerígenes. Les llavors de la carbassa s´utilitzen en la medicina natural per eliminar cucs intestinals i també com a laxant.

Es consumeix cuita en sopes, cremes o guisats o també en melmelades.

Una mica de botànica

El que coneixem com a carbassa és un conjunt d´espècies que pertanyen a la família de les cucurbitàcies. La majoria pertanyen al gènere *Cucurbita* (*Cucurbita maxima* i *Cucurbita moschata*). També es coneixen com a carbasses d´hivern, perquè es cullen a la tardor, es conserven bé i es poden consumir durant l´hivern.

Són plantes enfiladisses o prostrades, de creixement indeterminat. Són plantes monoiques, o sigui, que en una mateixa planta hi ha flors masculines i altres de femenines. Es diferencien fàcilment perquè a la base de les flors femenines hi ha un engruiximent que correspon a l´ovari i que donarà lloc al fruit.

Varietats

Hi ha una gran diversitat d´espècies i varietats de carbasses amb usos i aplicacions diferents. Les més habituals són:

- *Cucurbita maxima.* La típica carbassa de polpa més o menys taronja i pell dura, quan es cull madura. S´utilitza per a fer sopes, cremes i melmelades. Hi ha varietats de fruit de diferents colors i formes, arrodonides, allargades o aixafades. Algunes varietats de fruits petits i de colors s´utilitzen com a ornamentals.

- *Cucurbita moschata*. És de pell més llisa que l´anterior. Una de les varietats més conegudes és la carbassa de cabell d´àngel, a partir de la qual s´elabora una melmelada molt típica de pastisseria.
- *Lagenaria siceraria*. S´utilitza per fabricar utensilis com culleres, cantimplores, etc.

Com cultivar

La carbassa és una planta d´estiu. Es pot sembrar directament quan les temperatures siguin prou càlides, ja que la llavor necessita més de 10 °C per germinar. També es pot fer planter protegit del fred, si es vol avançar unes setmanes el cultiu.

La carbassa se sol plantar amb un metre de separació entre plantes ja que té un creixement molt vigorós. En un balcó o terrat necessitarà un recipient força gran, d´uns 60 a 100 litres per a una planta, i força espai per escampar-se o alguna barana per emparrar-se. Es pot esporgar per evitar que creixi massa i per afavorir el creixement dels fruits.

És una planta que consumeix molta aigua. Cal no oblidar el reg si volem obtenir una bona collita. Les flors femenines poden tenir problemes per ser fecundades. Sol ser útil ajudar la pol·linització mitjançant un pinzell. Cal passar el pinzell per la flor masculina quan està madura i traspassar el pol·len resseguint les flors femenines. Una carbassera pot fer d´una a deu carbasses. Si volem augmentar la grandària de la carbassa, hem d´eliminar algunes flors femenines i conservar-ne només una o dues per planta; abans, però, ens assegurarem que el fruit hagi quallat.

La collita es realitza ben entrada la tardor, quan la planta s´asseca. Durant la conservació millora la qualitat de la carbassa, ja que augmenta el nivell de sucres. La majoria de carbasses es conserven molt bé durant uns quants mesos.

Carbassa											
Productivitat (Kg/m²): 10				Dificultat: alta					Volum: 60 litres		
G	F	M	A	M	J	J	A	S	O	N	D

Sembra protegida

Collita

Associacions de cultiu

Com que és una planta que creix molt, només es pot associar amb alguna hortalissa de cicle curt al principi del cultiu, per exemple l´enciam o el rave.

Malalties i problemes

Les mateixes que per al carbassó.

MONGETA

Una mica d´història

És una planta originària de les zones tropicals d´Amèrica del Sud i central. Se sap que ja era cultivada fa 10.000 anys per les civilitzacions precolombines. A partir de principis del segle XVI es va portar a Europa i s´escampà arreu del món.

Propietats nutricionals

És una verdura rica en proteïnes, fibra, vitamines A, C, E i minerals, com el calci, el magnesi, el potassi i el ferro.

Té fama de reduir el colesterol gràcies al contingut en fibra soluble i prevenir el càncer pel seu contingut en antioxidants.

Es consumeixen cuites, ja que crues són indigestes. Si es vol aprofitar el màxim de vitamines, és recomanable coure-les al vapor i consumir-les el més aviat possible després de la collita.

Una mica de botànica

Igual que el pèsol o la fava, és una lleguminosa, per tant té la capacitat d´associar-se amb el bacteri *Rhizobium* per aprofitar el nitrogen de l´atmosfera com a nutrient.

El nom científic és *Phaseolus vulgaris*. Té fulles compostes, dividides en tres folíols. La tija és molt fina i en les varietats de creixement indeterminat s´enrotlla a qualsevol suport per enfilar-se. Hi ha altres espècies del mateix gènere, però d´ús més local, com és el cas del garrofó (*Phaseolus lunatus*), que és un ingredient típic de la paella valenciana, o el fesol de Sóller a Mallorca (*Phaseolus coccineus*).

El fruit és una tavella que es pot collir tendra per al consum en fresc, (bajoca). Si es deixa madurar, es pot collir la mongeta seca. La mongeta tendra cal collir-la abans que la llavor sigui massa gran i el llegum massa fibrós.

Varietats

Hi ha dos grans grups de varietats, les de creixement indeterminat, enfiladisses, que poden arribar a créixer fins a 4 metres, i les varietats nanes, de creixement determinat, que també es coneixen com de mata baixa. Les varietats de creixement indeterminat tenen cicles de cultius més llargs i produeixen més, però poden envair el nostre balcó i convertir-lo en una selva.

A més d´aquests dos grups, hi ha una gran diversitat de varietats segons la forma, mida i color dels fruits. Les més fàcils de trobar són les de fruit verd o groc, però també n´existeixen varietats com la bajoca vermella, porpra o negra. Les podem diferenciar segons si el fruit és aplanat o arrodonit.

Com cultivar

És una planta de clima càlid. Vol temperatures suaus i duració del dia llarg, per tant, és de cultiu estiuenc. Se sembra directament de llavor a la primavera o al principi de l´estiu amb un espai per a cada planta de 30 cm.

Igual que totes les lleguminoses, és poc exigent en adob gràcies a la capacitat d´utilitzar el nitrogen de l´aire a través de la simbiosi amb el *Rhizobium*.

Per a les varietats enfiladisses, els agricultors fan estructures amb canyes d´uns 2 m de llarg perquè la mongetera s´hi emparri. En un terrat cal pensar en estructures similars o en guiar la planta a través d´una barana. Sempre caldrà ajudar la planta a emparrar-se.

Cal vigilar-ne el reg, perquè és una planta molt exigent en aigua, tot i que quan està en floració no li agrada que la reguin en excés, ja que pot afectar el quallat del fruit.

La collita comença a partir d´uns 60 dies des de la sembra i s´allarga de forma esglaonada durant dos o tres mesos en les varietats enfiladisses. En les varietats nanes el cicle i el període de collita són més curts. Collirem el fruit amb unes tisores amb cura de no fer malbé la planta.

Mongeta												
Productivitat (Kg/m²): 2				Dificultat: mitja				Volum: 15 litres				
	G	F	M	A	M	J	J	A	S	O	N	D
Sembra protegida			■	■	■	■	■					
Collita					■	■	■	■	■	■		

Sembra protegida — Collita

Associacions de cultiu

L´associació de la mongeta amb el blat de moro és molt tradicional a l´agricultura migratòria del tròpic d´Amèrica del Sud. A més de ser plantes molt compatibles, el blat de moro fa la funció d´aspre de la mongetera. També és compatible amb l´api, la carbassa i el meló.

Cal evitar l´associació amb les liliàcies com l´all, la ceba i el porro.

Malalties i problemes

És una planta bastant delicada en aquest aspecte. Com en totes les plantes de la família de les lleguminoses, són molt habituals els problemes de pugons. Ocasionalment i a ple estiu es pot veure afectada per àcars o algunes erugues.

Si hi ha humitat ambiental, poden patir problemes de fongs a les fulles, com l´oïdi o l´antracnosi.

BLAT DE MORO

Una mica d´història

És una planta originària de zones tropicals d´Amèrica Central. Ja era cultivada a la zona de l´actual Mèxic cap a l´any 7000 a.C. Era un aliment bàsic a les civilitzacions Maia i Inca. Amb l´arribada dels europeus a Amèrica es va estendre arreu del món. Actualment és el tercer cereal més important del món, després del blat i l´arròs, i segueix essent un aliment bàsic per a molts pobles, especialment en zones tropicals d´Amèrica i Àfrica.

Propietats nutricionals

Com tots els cereals és ric en hidrats de carboni i fibra, per tant és una bona font d´energia. També presenta un cert contingut en vitamina B, vitamina C i carotenoides, que són les substàncies que li donen el color groc.

En els països d´origen se´n solen fer farines, amb les quals es fa pa. Les varietats de blat de moro dolç es cullen tendres i es consumeixen fresques o cuinades.

Una mica de botànica

És de la família de les gramínies. El seu nom científic és *Zea mays*. És una planta anual que desenvolupa una tija en forma de canya a l´extrem de la qual s´hi fa la flor masculina, anomenada panícula. Les flors femenines, d´una a cinc per planta, surten al llarg de la tija, a les axil·les de les fulles.

És una planta d´origen tropical i li agraden les temperatures elevades, el sol i que no li falti aigua.

Varietats

Hi ha infinitat de varietats de grans de diferent grandària i colors (violeta, blanc o groc). Per a l´hort al terrat ens interessen dos tipus de varietats:

- *Blat de moro dolç*. Són les varietats per al consum en fresc, amb un contingut elevat de sucres que li donen un gust dolç característic.

❦ *Blat de moro per a crispetes.* Tenen un contingut més elevat en proteïnes i se´n fan crispetes. Es cullen secs.

Com cultivar

És una planta d´estiu que agraeix les temperatures elevades i la llum, sempre que no li falti aigua. També és una planta molt exigent en nutrients, per tant cal abonar-la bé abans de la plantació.

Se sembra la llavor directament a l´hort a partir del mes de maig i juny. Les plantes s´han d´espaiar uns 30 cm. Es poden posar unes tres llavors per punt i, després de la germinació, s´ha d´aclarir per deixar només una planta. Tot i que no és habitual, es pot fer de planter.

La duració del cicle és de 2-3 mesos. Les varietats de blat de moro dolç cal collir-les quan els «pels» de les panotxes s´assequen. El moment òptim és quan en aixafar un gra surt un líquid que sembla llet. Les varietats de blat de moro per crispetes es cullen quan la planta s´asseca completament i es poden conservar molt de temps.

El blat de moro dolç cal consumir-lo o congelar-lo poc després de la collita ja que perd ràpidament la seva dolçor característica.

Blat de moro											
Productivitat (Kg/m^2): 3					Dificultat: mitja				Volum: 10 litres		
G	F	M	A	M	J	J	A	S	O	N	D

Sembra protegida: A, M, J, J — Collita: J, A, S, O

Associacions de cultiu

És compatible amb lleguminoses, com la mongeta, que pot aprofitar la tija del blat de moro per enfilar-se. També es combina bé amb carbassa, carbassó, cogombre, cols, enciam i meló.

Malalties i problemes

Falta de pol·linització a causa d´un vent massa sec i càlid o a la falta de pol·len.

Les erugues d´alguns insectes, com l´Heliotis, es mengen els grans del blat de moro i altres s´alimenten de les arrels.

El carbó del blat de moro és un fong que desenvolupa una mena de tumors de color negre sobre els grans de blat de moro. A Mèxic l´aprofiten per al consum.

MELÓ

Una mica d'història

L'origen d'aquesta planta és bastant incert, probablement prové del continent asiàtic. Sembla que no va ser coneguda a Europa fins a l'època dels antics romans, però el seu cultiu no es va estendre fins que els àrabs la van introduir a la península Ibèrica durant l'edat mitjana. En un dels seus viatges, Colom va portar la planta a Amèrica.

Propietats nutricionals

És ric en sucres i vitamines A, C, betacarotè i àcids orgànics. Té propietats antioxidants.

Es consumeix fresc. Si no és ben madur, pot resultar una mica indigest. També s'utilitza per elaborar dolços. En alguns països de l'Àsia se'n consumeixen les llavors.

Una mica de botànica

És de la família de les cucurbitàcies. El nom científic és *Cucumis melo*. Les fulles i la tija tenen un tacte aspre degut a la presència de pèls. És una planta enfiladissa, amb algunes fulles en forma de circells. Té un creixement molt ràpid i es pot arribar a estendre uns quants metres. Les flors són grogues, petites i poden ser masculines, femenines o hermafrodites.

Varietats

Podem classificar les varietats de meló en les que produeixen el fruit rodó i les que el tenen ovalat. En general les varietats rodones no són tan exigents en temperatura, tenen cicles més curts i es cultiven en climes més freds, on l'estiu dura menys.

Entre les moltes varietats rodones que existeixen, podem esmentar els melons Cantaloup, que tenen la polpa carbassa i són molt aromàtics, i els melons de la Gàl·lia o francesos, que tenen la polpa blanca o verda.

De les varietats de forma ovalada, que acostumen a necessitar estius més llargs per desenvolupar-se, podem diferenciar les de pell verda, com el meló de pell de gripau, o les de pell groga, també anomenades melons canaris.

Com cultivar

Difícil de cultivar al balcó pel seu port prostrat i la sensibilitat a les plagues. Són més recomanables les varietats rodones, tot i que en climes més càlids també es pot provar de cultivar varietats de meló canari. S´arriba a collir d´un a tres melons per planta.

És una planta d´estiu. Li agrada la calor i la llum, i resisteix una mica la sequera. Necessita un balcó o terrat molt ben orientat al sol.

Cal plantar-la a l´hort a partir de l´abril o el maig, quan el risc de temperatures baixes ja no existeix. Es pot fer directament de llavor o a partir de planter. En zones de clima fred, amb estius curts, serà recomanable fer planter protegit per avançar el cicle.

La collita depèn de les varietats, però pot començar al cap dels 60 dies del trasplantament. Sovint costa saber si el meló ja és madur. La duresa del fruit i l´olor són una bona pista per saber-ho.

Per evitar que la planta envaeixi massa espai del nostre balcó es pot esporgar. Pinçar les tiges afavoreix la ventilació de les fulles, disminueix la incidència de fongs i accelera la maduració dels fruits.

Meló

Productivitat (Kg/m^2): 6 — Dificultat: alta — Volum: 30 litres

	G	F	M	A	M	J	J	A	S	O	N	D
Sembra protegida	■	■	■									
Sembra a l'aire lliure				■	■	■						
Trasplantament				■	■	■	■					
Collita						■	■	■	■	■		

Associacions de cultiu

S´associa bé amb hortalisses de cicle més curt com l´espinac o el rave. Cal evitar les plantes de la mateixa família com el carbassó, el cogombre o la síndria.

Malalties i problemes

És bastant sensible a algunes plagues i malalties, especialment els pugons, la mosca blanca i l´oïdi. També pot presentar el que s´anomena escaldat del fruit, que és degut a un excés de sol sobre el fruit que malmet la pell.

COGOMBRE

Una mica d´història

És una planta oriünda de regions tropicals de l´Àsia o l´Àfrica. Ja era coneguda i cultivada a Mesopotàmia i també per les antigues civilitzacions mediterrànies: egipcis, grecs i romans. Colom va portar llavors de cogombre en el seu primer viatge a Amèrica i el seu conreu es va estendre ràpidament pel Nou Món.

Propietats nutricionals

És una planta amb molt contingut d´aigua i poc valor nutritiu. Tot i això, té quantitats interessants de potassi i propietats diürètiques. Es consumeix en amanides o gaspatxos, tot i que antigament era un ingredient normal de sopes i estofats.

Una mica de botànica

És de la família de les cucurbitàcies i el nom científic és *Cucumis sativus.* Les tiges i fulles estan cobertes de pèls. S´adapta força bé al cultiu en balcons i terrats perquè l´arrel no aprofundeix gaire. És una planta enfiladissa gràcies als circells.

Les flors són unisexuals, o sigui, que són femenines o masculines. A diferència de les altres cucurbitàcies, no té tants problemes de fecundació del fruit, ja que moltes varietats són partenocàrpiques.

Varietats

Hi ha varietats de cogombre amb fruits de diferent grandària, forma allargada o arrodonida, i de diferents colors (de verd a groc).

- *Varietats tipus francès.* Són les més habituals, d´uns 20 cm de llargada i amb la pell verda. Es consumeixen crues.

Varietats tipus espanyol o curtes. Són cogombres més petits, de 15 cm com a màxim, i són verds amb ratlles grogues. Es poden utilitzar per a conserves o consumir-los crus.

Varietats de tipus holandès. Són més llargues, 25 cm o més, i de forma punxeguda, i també es consumeixen crues.

Com cultivar

És un cultiu d´estiu, ja que no tolera les temperatures baixes. Es pot sembrar a la primavera, quan ja no hi ha risc de glaçades, o abans si es disposa d´un lloc assolellat i protegit del fred. Es pot fer directament de llavor o a partir de planter. Des de la sembra al trasplantament poden passar uns 30 dies. En el moment de trasplantar, cal tenir en compte que és una planta que creix molt i ocuparà molt d´espai en el recipient. Cal deixar una separació d´uns 35 cm amb altres plantes i és molt útil proporcionar-li un aspre per emparrar-se, que es pot construir amb pals o canyes i cordill. També es pot deixar que creixi de forma prostrada, tot i que pot arribar a envair el balcó.

En general, la collita comença a partir d´uns 60 dies després del trasplantament i uns 15 dies després de l´aparició de les primeres flors femenines. La collita continua durant tot l´estiu, fins que la planta esgota tots els nutrients o les baixes temperatures afecten el creixement. El fruit es cull immadur. Si es deixa créixer massa, perd el color verd i és massa fibrós i amarg.

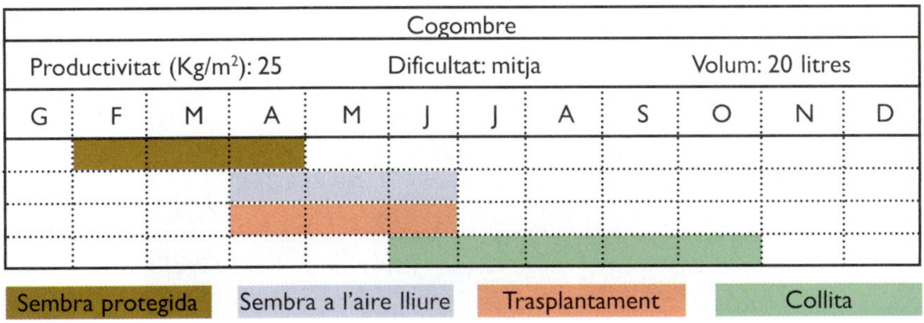

Associacions de cultiu

Com totes les cucurbitàcies, s´associa bé amb el blat de moro, que li fa d´aspre. També es pot associar amb la mongeta, la pastanaga, el pèsol i la remolatxa.

És preferible evitar les hortalisses de la mateixa família com el carbassó, el meló i la síndria i també les patates o el tomàquet.

Malalties i problemes

Els problemes més habituals són els pugons, la mosca blanca i els cargols i llimacs, que es mengen les fulles. Al final de l´estiu, quan les temperatures són més fresques, és habitual que les fulles agafin oïdi.

PEBROT

Una mica d´història

L´origen d´aquesta hortalissa és a l´Amèrica del Sud, a l´àrea de Perú i Bolívia, des d´on es va estendre a la resta d´Amèrica Central i del Sud. La van cultivar des d´antic. S´han trobat restes de llavors en jaciments arqueològics amb una antiguitat de 9.000 anys. És una planta fonamental en la cultura gastronòmica d´Hispanoamèrica, especialment les varietats picants. A partir de l´arribada dels europeus a Amèrica es va estendre molt ràpidament a Europa, on actualment es consumeixen gairebé exclusivament les varietats dolces.

Propietats nutricionals

És ric en vitamines C, A, E, B_6, carotenoides i àcid fòlic. El pebrot vermell és el que té major contingut en vitamina C, tres vegades més que la taronja. L´elevat contingut en antioxidants fa que tingui propietats preventives contra l´arteriosclerosi i els càncers.

Es consumeix cru en amanides i també cuit, però llavors perd tot el contingut en vitamina C.

Una mica de botànica

Forma part de la família de les solanàcies. El seu nom científic és *Capsicum annuum*. Existeix una gran diversitat de pebroteres amb flors, colors de fruit, gustos i formes diferents i els botànics no s´acaben de posar d´acord en classificar-les.

Hi ha espècies de la mateixa família com *Capsicum baccatum* o *Capsicum chinense* de les quals s´obtenen fruits picants.

Varietats

La varietat de fruits d´aquesta espècie és enorme i complicada de classificar. Una primera diferenciació són les varietats dolces i les varietats picants. Dins les varietats dolces podem agrupar les varietats de fruit vermell, llarg i carnós, com els tipus Lamuyo, o més curts, com els pebrots de Califòrnia, tot i que del tipus Califòrnia també hi ha pebrots de color carbassa, groc o verd. Un altre grup de pebrots dolços el formen les varietats de pebrot italià, menys carnosos, més prims i allargats, que es cullen verds. Una menció a part mereixen els pebrots del Piquillo, petits i de color vermell molt intens. Són típics de Navarra i el seu cultiu s´ha estès molt per a la producció de conserves.

Les varietats picants també són anomenades bitxos o cireretes. Solen tenir una forma més allargada.

En algunes varietats podem trobar plantes amb el fruit picant i plantes amb el fruit dolç. Per exemple el bitxo de Girona, de fruit groc, o el pebrot de Padrón, de fruit verd, el consum del qual es troba a mig camí entre la gastronomia i l´esport de risc.

Si pregunteu als agricultors de la vostra zona, segurament trobareu varietats locals molt interessants i ben adaptades al vostre clima. Com a curiositat, a Menorca es coneix una varietat de pebrot petit i forma molt escantonada, que anomenen pebrot de la república perquè en un moment de la seva maduració la coloració del fruit recorda la bandera de la República espanyola.

Com cultivar

Es cultiva a l´estiu, perquè li agraden les temperatures elevades. En el cultiu al balcó, a vegades presenta problemes per les elevades temperatures de les arrels i resulta més productiva a finals d´estiu, quan la calor disminueix. Les varietats per collir-les verdes tenen més bon resultat que les varietats per collir-les vermelles.

Es pot sembrar el planter quan les temperatures són suaus, al maig-juny. Si es vol fer abans, cal cercar un lloc protegit i assolellat. El trasplantament es realitza uns dos mesos després. La planta és bastant gran, necessita uns 50 cm d´espai per créixer bé. La collita comença al cap d´un mes després del trasplantament i continua durant tot l´estiu. Un excés de fruit pot aturar el creixement de la planta i reduir les properes collites. Cal, doncs, no deixar que els fruits madurin en excés.

Pebrot		
Productivitat (Kg/m²): 10	Dificultat: mitja	Volum: 15 litres

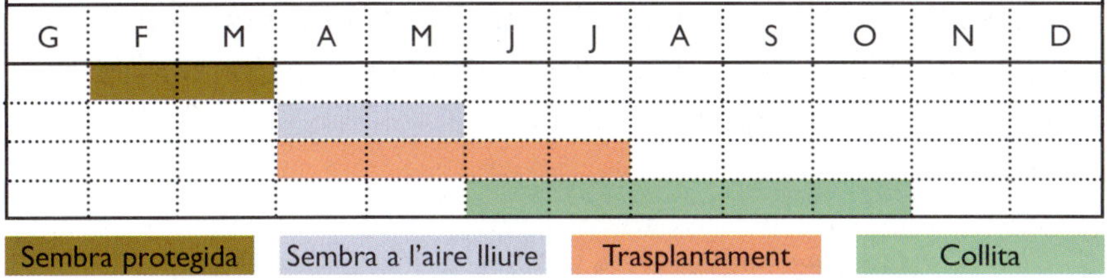

Associacions de cultiu

És compatible amb l´albergínia, l´alfàbrega i el tomàquet.

Malalties i problemes

En el cultiu en recipients, en associació amb altres plantes, no sol presentar gaires problemes. El pugó pot afectar-lo.

L´excés de sol sobre el fruit pot provocar el que s´anomena escaldat del fruit, que per a l´agricultor deprecia comercialment el fruit, però per a l´autoconsum no és un problema greu.

SÍNDRIA

Una mica d´història

Es troben síndries silvestres a zones subtropricals de l´Àfrica, d´on se suposa que n´és originària. Des de molt antic l´home la va començar a cultivar i anà seleccionant les varietats de fruits més grans i més dolços que les silvestres. Es coneixen vestigis que fa 5.000 anys era una hortalissa molt important a l´antic Egipte i es cultivava als marges del Nil. De l´Àfrica es va estendre a Europa i a l´Àsia. A la Xina és un fruit molt apreciat.

Propietats nutricionals

És un aliment que conté molta aigua i és pobre en nutrients. És una font interessant de vitamines C i B, licopè i potassi. És diürètica i l´elevat contingut de potassi ajuda a baixar la tensió arterial. Pel seu baix contingut calòric és un element habitual en algunes dietes de control de pes.

Es consumeix la polpa crua i en sucs. Es poden fer conserves dolces, com l´almívar, amb la pell.

Una mica de botànica

És una cucurbitàcia i el seu nom científic és *Citrullus vulgaris*. Igual que les altres hortalisses de la seva família, és una planta anual prostrada, que pot arribar a créixer fins a 4 metres i té flors masculines o femenines (planta monoica). Les arrels s´estenen molt superficialment.

Varietats

Les moltes varietats de síndria que es poden trobar es classifiquen segons la forma del fruit (arrodonit o allargat), color de l´escorça (verd, verd fosc, grisa o blanca amb ratlles grises), color de la polpa (vermella, rosada o blanca) i la duració del cicle.

Darrerament han sortit varietats sense llavor que, en realitat, sí que en tenen, però és una llavor estèril que no es desenvolupa completament. Aquestes varietats sense llavors produeixen pol·len estèril i, per tant, si volem cultivar-les cal plantar una altra varietat amb llavor perquè les flors femenines puguin ser fecundades i produir fruit.

Com cultivar

Igual que les seves parentes, el meló, el cogombre o la carbassa, és una planta de clima càlid i, com a tal, s´ha de cultivar a l´estiu. Té un cicle bastant llarg i pot ser que en zones fredes, d´estius curts, no tingui temps de desenvolupar-se del tot i faci fruits massa petits. En aquest cas, és necessari fer planter protegit per avançar la sembra un o dos mesos. En zones de clima càlid es pot sembrar directament a la primavera.

El recipient de cultiu ha de ser bastant gran. És més exigent en aigua que el meló, però no tant com el carbassó. Si les tiges creixen molt i envaeixen en excés el terrat, podem esporgar la planta.

La collita es realitza entre 75 i 110 dies després de la sembra, segons la varietat. La síndria és un fruit exquisit quan es cull ben madur, però aleshores no es conserva gaire bé a la nevera i cal consumir-lo en pocs dies.

Per detectar si la síndria ja és madura, podem fixar-nos en el circell que hi ha al peduncle, que ha d´estar sec, o en el color groguenc que ha de tenir la part inferior del fruit. Si tenim bona oïda, podem provar de picar el fruit i escoltar si el soroll ressona com si hi hagués un petit buit a dins. És difícil aconseguir síndries molt grosses cultivades en recipients i normalment no s´obtenen més de dos o tres fruits per planta.

Síndria											
Productivitat (Kg/m²): 8				Dificultat: alta				Volum: 40 litres			
G	F	M	A	M	J	J	A	S	O	N	D
Sembra protegida	Sembra protegida	Sembra protegida									
			Sembra a l'aire lliure	Sembra a l'aire lliure							
			Trasplantament	Trasplantament	Trasplantament						
						Collita	Collita	Collita	Collita		

Sembra protegida | Sembra a l'aire lliure | Trasplantament | Collita

Associacions de cultiu

Es pot associar amb algunes hortalisses de cicle curt al principi del cultiu, però és una hortalissa que prefereix estar sola en el recipient.

Malalties i problemes

Pot patir les mateixes plagues i problemes que el meló: pugó, mosca blanca i oïdi.

TOMÀQUET

UNA MICA D´HISTÒRIA

L´origen d´aquesta planta el trobem a la zona tropical d´Amèrica del Sud i Central. Sembla que el seu nom prové del nom asteca *tómatl*. Els europeus van introduir la planta al Vell Continent al segle XVI, però no va ser fins al segle XVIII que es va cultivar per a ús alimentari. De llavors ençà el tomàquet ha esdevingut l´hortalissa més important dels nostres mercats i de les nostres cuines. De mitjana consumim de l´ordre de 20 kg de tomàquets a l´any per persona, ja sigui fresc o en conserva.

Propietats alimentàries

El tomàquet és un fruit amb un contingut elevat de vitamines, minerals i carotenoides. Per exemple, per cada cent grams de tomàquet hi ha de l´ordre de 1.700 UI de vitamina A i 21 mg de vitamina C. També conté vitamines del grup B i minerals com el calci, el fòsfor i el ferro. El color vermell del tomàquet és degut a la presència del carotenoide licopè, que és un potent antioxidant i ajuda a prevenir alguns càncers.

El tomàquet és un element imprescindible de la cuina mediterrània, cru en les amanides o cuit en sofregits o guisats. Si es consumeix cru, s´aprofiten millor les vitamines, especialment la vitamina C i l´àcid fòlic. Si es consumeix cuit i madur, s´assimila millor el licopè.

Una mica de botànica

El tomàquet pertany a la família de les solanàcies, a l´igual que el pebrot, l´albergínia o la patata. El nom científic de la tomaquera és *Lycopersicum esculentum* (sinònim *Lycopersicon lycopersicum*). És una planta perenne, això vol dir que en el seu ambient natural pot viure uns quants anys. Nosaltres la cultivem com una planta anual, perquè les baixes temperatures no permeten que sobrevisqui durant l´hivern. La planta de la tomaquera té una olor molt característica degut als pèls amb glàndules que cobreixen totes les parts verdes de la planta. La tija creix de forma prostrada degut al pes dels fruits. Les fulles de la tomaquera són compostes, això vol dir que cada fulla està dividida en fulles més petites, anomenades folíols. Cada fulla té de 7 a 9 folíols.

Varietats

Hi ha una gran diversitat de tomàquets de diferents mides i colors, des del típic vermell a groc, rosat o a ratlles. Hi ha varietats de creixement indeterminat i varietats de creixement determinat, que formen un petit arbust. Les varietats més utilitzades al nostre país són les següents:

- *Tomàquet d'amanir.* És el que s'utilitza per l'amanida i se sol collir una mica verd. El tomàquet Raf també és una varietat d'amanir, però amb la superfície estriada.
- *Tomàquet de branca.* També anomenat Canari, és el que s'utilitza per sucar. Es cull madur i normalment és més petit que el tomàquet d'amanir.
- *Tomàquet Cherry* i *tomàquet Còctel.* Són tomàquets molt petits que s'utilitzen sencers per guarnir amanides. Hi ha varietats de color vermell i altres de color groc. Els Cherry són més petits que els Còctel.
- *Tomàquet de penjar.* És un tomàquet de mida petita que s'utilitza per sucar i té la característica que es pot conservar tot l'hivern penjat en un lloc fresc i sec.
- *Tomàquet de Montserrat.* També anomenat tomàquet de Rosa, és un tomàquet amb molt espai buit que s'utilitza per farcir.
- *Tomàquet de Pera* o *kiwi-pera.* Té aquest nom perquè la forma recorda una mica una pera o un kiwi. És el tomàquet que utilitza la indústria per fer conserves. És molt carnós i va molt bé per fer salses o gaspatxo.

Com cultivar

La tomaquera és una planta de clima càlid, per tant s'ha de cultivar a la primavera i a l'estiu. Normalment se sol fer de planter, tot i que també podem sembrar-lo directament de llavor. El trasplantament es pot fer quan no hi hagi risc de glaçades, això vol dir el mes de març, a les zones costaneres, o els mesos d'abril o maig, a les zones d'interior. Als dos mesos del trasplantament ja tindrem els primers tomàquets i la planta no deixarà de produir tomàquets durant tot l'estiu, fins que arribi el fred o fins que esgoti els nutrients del substrat.

Poda de la tomaquera.

Si volem realitzar planter de tomaquera haurem d´esperar uns 60 dies des de la sembra fins al trasplantament. Per fer el planter podem utilitzar un test petit o un pot de iogurt, i un lloc a recer del fred i lluminós. A l´hora de trasplantar, cal tenir en compte que la planta de la tomaquera necessitarà al voltant de 40 cm de separació amb les altres plantes per poder créixer.

A mesura que creixi, caldrà esporgar la tomaquera deixant només un o dos brots. Amb això aconseguim que la planta quedi més airejada i tingui menys possibilitats d´agafar malalties, i també que la collita sigui més primerenca. Una altra feina important és lligar la tomaquera a un aspre. Una alternativa és deixar que la tomaquera pengi de la taula i creixi prostrada, o bé lligar-la a la barana del balcó.

Tomàquet											
Productivitat (Kg/m^2): 20				Dificultat: alta				Volum: 20 litres			
G	F	M	A	M	J	J	A	S	O	N	D

Sembra protegida | Sembra a l'aire lliure | Trasplantament | Collita

Degut a la falta d´abelles, en alguns balcons de grans ciutats les tomaqueres tenen problemes de pol·linització de les flors, les quals s´assequen i avorten sense produir fruit. Repassar les flors amb un pinzellet pot ajudar a substituir la feina dels insectes.

Associacions de cultiu

La tomaquera és compatible amb l´alfàbrega, l´all, la bleda, la ceba, la col, l´enciam, l´escarola, l´espinac i el porro.

Cal evitar associar-la amb altres plantes de la mateixa família de les solanàcies, com l´albergínia.

Malalties i problemes

Com a plagues més habituals a les tomaqueres dels balcons hi ha la mosca blanca, els pugons i algunes espècies d´erugues com l´Heliotis que perfora els fruits.

La tomaquera és sensible a vàries malalties causades per fongs, com el míldiu, que provoca taques que acaben assecant tota la fulla .

La necrosi apical és el podriment de la part inferior del fruit que s´ennegreix i s´enfonsa. És un problema força habitual en el cultiu en balcons i terrats si s´utilitzen substrats molt àcids, pobres en calci, i que s´accentua si el reg no és regular.

El reg poc uniforme o l´estrès de la planta per l´alta temperatura a ple estiu pot produir l´esquerdat del fruit. Per a un horticultor urbà no és un problema greu, a no ser que algun fong aprofiti l´esquerda i podreixi el fruit.

Hortalisses de primavera o tardor

Són plantes que es desenvolupen millor amb temperatures suaus. Tot i que algunes aguanten glaçades lleugeres i altres es poden cultivar durant l´estiu, la seva millor època de cultiu és durant la primavera i sovint també durant la tardor.

BLEDA

Una mica d'història

La bleda és una hortalissa d'origen mediterrani. Se sap del cert que els grecs la utilitzaven des del segle V aC. A l'edat mitjana i durant molts segles va ser un aliment bàsic de les societats europees.

Propietats nutricionals

Conté vitamines A, C i K. És rica en minerals, especialment el potassi, el calci i el magnesi, la qual cosa fa que sigui útil per a la prevenció de l'osteoporosi. Aporta àcid fòlic i flavonoides a la dieta, útils per a la prevenció del càncer. La bleda té propietats laxants i digestives degut al seu elevat contingut en fibra.

Se sol consumir bullida i és recomanable que no passi molt de temps des de la collita al plat, ja que les vitamines s'oxiden i la fulla adquireix un gust lleugerament amarg. Les fulles joves també es poden consumir fresques en amanides.

Una mica de botànica

Forma part de la família de les quenopodiàcies, igual que l'espinac o la remolatxa. El seu nom científic és *Beta vulgaris*. És una planta bianual que durant el primer any desenvolupa unes fulles molt grans, amb un nervi central molt desenvolupat i en el segon emet una tija que donarà lloc a la flor. El que habitualment s'anomena i s'usa com a llavor és un petit fruit anomenat glomèrul, dins del qual hi ha dues o tres llavors. És normal, per tant, que d'una llavor germini més d'una plàntula.

Varietats

Hi ha varietats de sembra primaveral i altres per sembrar a la tardor. Aquestes darreres toleren millor les baixes temperatures i es cullen a l'hivern. També es poden diferenciar les varietats pel color dels pecíols de les fulles, que poden ser blancs o vermells, i per la grandària de la planta. Les varietats de fulles més petites, o varietats grogues, són de color verd més clar i són més fines, mentre que les varietats de fulles grans són molt ufanoses, de colors més foscos i penques més grosses. Les verdes són les que es troben habitualment als mercats, potser perquè es conserven millor que les grogues. Existeixen varietats nanes, molt interessants per al cultiu en recipients.

Com cultivar

Es pot cultivar a partir de la llavor o de planter. En el cas de la sembra, posarem 1 o 2 llavors que germinaran amb facilitat en pocs dies. Es pot començar a collir a partir d´uns 50-70 dies, segons la varietat i el clima. La bleda creix força i requereix uns 40-50 cm al seu voltant per desenvolupar les seves grans fulles. També té una arrel molt grossa i, per tant, necessita un recipient gran. Es cullen les fulles exteriors, més grans, i es deixen les interiors. D´aquesta manera s´aconsegueix una collita contínua durant tot un any.

Com que ocupa molt d´espai, amb una o dues plantes pot ser suficient per a un petit hort urbà. Tot i que no és habitual, també es poden fer sembres més denses si utilitzem varietats nanes.

Bleda											
Productivitat (Kg/m²): 15				Dificultat: baixa				Volum: 25 litres			
G	F	M	A	M	J	J	A	S	O	N	D
		Sembra protegida	Sembra protegida	Sembra protegida			Sembra protegida	Sembra protegida			
			Trasplantament	Trasplantament	Trasplantament			Trasplantament	Trasplantament		
Collita	Collita	Collita	Collita	Collita	Collita	Collita	Collita	Collita	Collita	Collita	Collita

Sembra protegida — Trasplantament — Collita

Associacions de cultiu

És compatible amb l´all, la ceba, les cols i l´enciam. Cal evitar les altres quenopodiàcies com l´espinac i la remolatxa. Les arrels de la bleda s´estenen força en el recipient i la planta es fa molt gran. La bleda acaba ocupant molt d´espai, però a l´inici del cultiu podem associar-la amb plantes de cicle més curt com l´enciam o el rave, que es cullen abans que el recipient quedi ocupat per les grans fulles de la bleda.

Malalties i problemes

La bleda és una hortalissa que no sol presentar gaires problemes. El pugó pot afectar-la, sobretot a l´estiu, en èpoques caloroses. En èpoques humides i de temperatures fresques, alguns fongs, com l´oïdi, poden infectar les fulles.

API

Una mica d´història

És una planta originària de la zona mediterrània però també es troba de manera silvestre al Caucas i a l´Himàlaia. Va ser coneguda des d´antic, per exemple és citada a l´obra *l´Odissea*. Malgrat això no es va cultivar fins al segle XVI a Itàlia. Després es va estendre el cultiu a tot Europa i a Amèrica del Nord.

Propietats nutricionals

És molt ric en substàncies i olis essencials que li donen una aroma molt característica. Conté moltes substàncies anticancerígenes. És baix en carbohidrats i ric en vitamina C, àcid fòlic i alguns minerals (potassi, calci i sodi). Hom creu que té propietats afrodisíaques.

Es pot consumir fresc o cuit com a condiment. L´api fresc és més ric en vitamines i és un excel·lent component de les amanides.

Una mica de botànica

Pertany a la família de les umbel·líferes, igual que la pastanaga i el julivert. El nom científic és *Apium graveolens.*

És una planta bianual, amb una arrel principal profunda, però amb moltes arrels secundàries superficials. Durant el primer any desenvolupa una roseta de fulles carnoses que són les que s´aprofiten per al consum. Les fulles del centre de la planta formen el cor de l´api, són menys desenvolupades i més blanques per la falta de llum. Durant el segon any la planta floreix. Les flors s´agrupen formant les característiques umbel·les, que recorden la forma d´un paraigua.

Varietats

Hi ha dos grups de varietats:

- *Les varietats verdes*, que creixen molt, són més rústiques i cal lligar-les o calçar-les per blanquejar les fulles. Per exemple, l´api d´Elna és una varietat verda molt apreciada.
- *Les varietats daurades*, que no cal lligar-les perquè blanquegen soles. No són tan grans com les verdes i per això s´adapten una mica millor al cultiu al balcó.

Com cultivar

És una planta que agraeix les temperatures fresques. Tot i que aguanta glaçades lleugeres, les temperatures massa baixes fan que desenvolupi la flor prematurament. Per tant, cal cultivar-la quan ja ha passat el risc de glaçades, entre abril i maig.

Es pot sembrar de llavor o de planter. Com en altres plantes de la mateixa família, la llavor germina lentament. Per accelerar una mica el procés, es pot posar la llavor en remull un dia abans de la sembra i vigilar molt que no s´assequi el substrat. És útil procurar-li una mica d´ombra fins que germini i assegurar una temperatura per sobre dels 15 °C. El planter trigarà uns dos mesos abans de poder trasplantar-lo a l´hort.

El trasplantament es pot realitzar durant tota la primavera i fins a la tardor. Les plantes trasplantades a la tardor, sobretot en climes freds, poden patir floració prematura durant la primavera següent. Aquest problema no permet als agricultors professionals vendre la seva collita, però l´horticultor urbà el pot solucionar tallant l´espiga floral i es pot consumir igualment.

Els apis verds, que són més grans, necessiten una separació de fins a 40 cm. Els apis daurats, més petits i compactes, necessiten separacions de 25 cm. Si a la planta li deixem poc espai, les fulles seran més petites però igualment bones. L´api verd es lliga 2 o 3 setmanes abans de la collita, depenent de si ens agrada més o menys blanquejat. Cal procurar lligar l´api en un moment en què no tingui les fulles humides per evitar problemes de podriment.

La collita es pot realitzar un mes i mig després del trasplantament en les varietats de cicle curt, i fins a 6 o 7 mesos en les varietats de cicle llarg. Però, a la pràctica, se solen tallar les fulles a mesura que es necessiten a la cuina i la collita es pot allargar tota la temporada, fins que s´acabi o fins que la nostra impaciència ens demani substituir el cultiu.

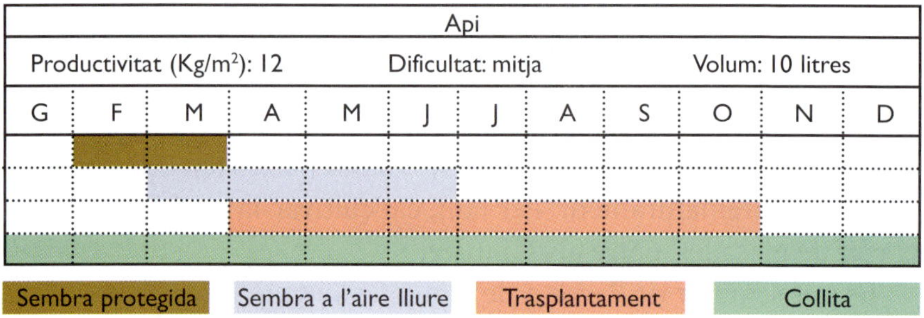

Associacions de cultiu

És compatible amb el cogombre, les cols, l´enciam, el pèsol, el porro, el rave i el tomàquet. Cal evitar les hortalisses de la mateixa família, com el julivert i la pastanaga.

Malalties i problemes

Són bastant habituals els problemes de floració prematura, que estan provocats per condicions ambientals dolentes, com, per exemple, la falta d´adob, el reg insuficient o les temperatures fredes al començament del cultiu. Podem tallar la tija floral i seguir collint les fulles.

Els pugons i els fongs a les fulles són força habituals en els apis.

ESPINAC

Una mica d´història

És una planta originaria del sud-oest de l´Àsia. Els perses van ser els primers en cultivar-la. En el segle VII es va introduir a la Xina i no va ser fins al segle XI que els àrabs la portaren a Europa. Des d´antic els àrabs ja la valoraven per les seves propietats.

Propietats nutricionals

És una de les verdures amb major contingut en vitamines i antioxidants, la qual cosa li aporta moltes propietats bones per a la salut.

Ajuda a prevenir malalties cardiovasculars, l´excés de colesterol i alguns tipus de càncer. És molt bona per als ossos gràcies a la bona relació entre el calci i el fòsfor. El seu contingut en ferro no és tan gran com es creu i, a més, gran part del ferro s´hi troba en forma poc assimilable per al nostre organisme.

Es consumeix crua en amanides o bé cuita. Hom diu que el suc que queda després de bullir-la és molt nutritiu.

Una mica de botànica

Forma part de la família de les quenopodiàcies juntament amb la bleda o la remolatxa. El seu nom científic és *Spinacia oleracea*. Forma una roseta de fulles a partir de la qual es formaran les flors, amb la particularitat que és una planta dioica. Això significa que hi ha plantes amb flor masculina i altres plantes amb flor femenina.

Varietats

Existeixen diferents varietats amb fulles més o menys amples, llises o arrissades, o de diferent grandària. Se solen classificar segons la seva adaptació al clima en varietats de tardor-hivern i varietats de primavera-estiu.

Com cultivar

És una planta que no tolera bé l´excés de calor i aguanta bé glaçades lleugeres. Per tant, cal cultivar-la a la primavera o a la tardor.

És molt exigent en nutrients, així és que convé fer un bon adobament abans de la sembra. Tot i que també es pot fer planter, el més habitual és sembrar directament de llavor, amb interval entre plantes d´uns 10 a 20 cm. L´època de sembra pot ser a finals d´estiu (agostsetembre) per obtenir la collita a la tardor-hivern, o bé a finals d´hivern per produir durant la primavera.

La recol·lecció comença al cap de 40 dies després de la sembra i es pot fer esglaonadament, tallant les fulles grans i deixant les petites per a collites següents. Es poden realitzar de dues a quatre tallades.

Espinac											
Productivitat (Kg/m²): 15				Dificultat: baixa				Volum: 25 litres			
G	F	M	A	M	J	J	A	S	O	N	D

Sembra protegida

Collita

Associacions de cultiu

És compatible amb el blat de moro, el maduixot i la mongeta. És incompatible amb les altres hortalisses de la mateixa família: la bleda i la remolatxa de taula.

Malalties i problemes

Els pugons són una plaga freqüent en els espinacs. Els cargols i llimacs també se n´alimenten i poden fer estralls en les plantes joves.

És bastant habitual la pujada prematura de la flor, que pot ser deguda a la falta d´algun nutrient o a condicions ambientals adverses.

El míldiu i alguns fongs de fulles poden afectar l´espinac ocasionalment, sobretot en èpoques humides.

ENCIAM

Una mica d´història

Alguns autors situen l´origen d´aquesta verdura a les regions temperades de l´Europa Oriental. Forma part de la nostra cuina des d´antic. Ja era coneguda per les antigues civilitzacions romana i grega, però sembla que van ser els egipcis els primers que la van conrear. Actualment és un cultiu molt estès arreu del món.

Propietats nutricionals

Se li atribueixen propietats tranquil·litzats. És eficaç per tractar l´insomni i el nerviosisme. També s´utilitza com a antiinflamatori en cremes per tractar les cremades solars. Sembla que és recomanable en cas d´úlcera d´estómac. Té un contingut elevat en vitamines del complex B, vitamina A i, en algunes varietats, un cert contingut en vitamina C. Pel que fa als minerals, té un contingut elevat en potassi i un contingut interessant de calci.

Es pot consumir cru o cuit. El consum en cru és el més tradicional i és aconsellable no tallar l´enciam molt abans de consumir-lo, per no malmetre les seves propietats.

Una mica de botànica

Forma part de la família de les compostes. Com el seu nom indica, aquesta família botànica es caracteritza per tenir flors agrupades en capítols, que semblen una única flor (flor composta), per exemple, les flors de les margarides o del gira-sol. El nom científic de l´enciam és *Lactuca sativa*. És una planta anual que forma un cabdell més o menys dens amb fulles de formes i consistències molt diferents, segons la varietat. Al final del seu cicle la planta forma una tija floral al centre del cabdell, a l´extrem de la qual es formaran vàries flors compostes. La fase de fructificació també s´anomena espigat.

Varietats

Existeixen moltes varietats d´enciam, les més utilitzades al nostre país són les següents:

- *Romà o enciam llarg.* És el més tradicional tot i que en els darrers anys ha estat substituït per altres varietats. Com que no forma un cabdell molt consistent, cal lligar-lo quinze dies abans de la collita per blanquejar-lo. Es cultiva tradicionalment a l´estiu.
- *Francès o trocadero o mantecós.* De fulles llises,

molt saborós. És una bona varietat per cultivar a la tardor i a l´hivern.

✽ *Iceberg*. Forma un cabdell molt dens i té una textura molt consistent. Per formar el cabdell la planta necessita una certa diferència de temperatura entre el dia i la nit, per això se sol cultivar en zones d´interior.

✽ *Batavia*. Dins el qual trobem la varietat Meravella i l´anomenat enciam escaroler, que té unes fulles arrissades, similars a les de l´escarola. En general són varietats que es cultiven molt bé en recipients. L´enciam Meravella s´adapta millor que altres a les altes temperatures de l´estiu.

✽ *Fulla de roure*. Les fulles són de color vermellós i molt ondulades, similars a les fulles del roure. Com en tots els enciams amb fulles de color, les temperatures fresques fan que la fulla agafi un color més intens, per això se sol cultivar entre la tardor i l´hivern.

✽ *Lollo*. Són varietats que provenen d´Itàlia. Són enciams petits, que es poden sembrar més junts que les altres varietats. Hi ha el Lollo Rosso, de fulles vermelles, i el Lollo Bionda, de fulles groguenques. Igual que el Fulla de Roure, agafen més color amb temperatures fresques.

✽ *Cabdell de Tudela* o *Mini romana*. Són enciams que formen petits cabdells. En general suporten pitjor les temperatures baixes que les altres varietats. Com que són enciams petits, es poden sembrar més junts que les altres varietats.

Com cultivar

El cultiu és força ràpid i es pot fer gairebé tot l´any, sempre que no hi hagi perill de glaçades intenses. A l´estiu, les elevades temperatures a què pot arribar l´hort urbà poden provocar l´espigat prematur. Per tant, la primavera i la tardor són les millors èpoques per cultivar-lo. Se sol fer de planter i el podrem collir entre 5 i 10 setmanes després de trasplantar, depenent de la varietat i el clima. Si s´endarrereix massa la collita, correm el risc que l´enciam «s´espigui», o sigui, que tregui la flor i es torni amarg i no apte per al consum.

A l´hora de collir, es pot optar per tallar només unes quantes fulles i deixar la planta a l´hort fins a la propera amanida. També es pot utilitzar el sistema de dall, que permet obtenir vàries collites: quan l´enciam té una certa alçada, uns 10 cm, es talla a 3 o 4 cm d´alçada. Per a aquest sistema és especialment interessant la utilització de barreges de llavors de diferents varietats d´enciams, escarola, ruca i xicoira. Amb aquestes barreges s´obtenen directament amanides amb fulles de diferents colors.

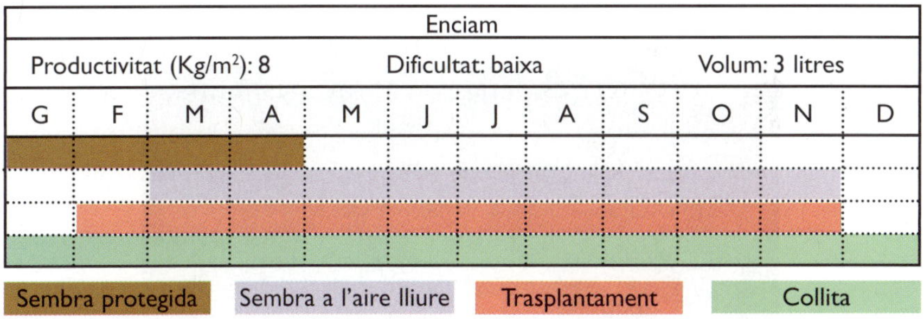

Associacions de cultiu

És compatible amb la ceba, el cogombre, la col, la pastanaga, el porro, el rave i el tomàquet. Evitem de posar-la prop d´una planta de la mateixa família, com l´escarola.

Com que és un cultiu molt curt, és molt aconsellable associar l´enciam amb altres cultius més llargs, com la ceba o el tomàquet, d´aquesta manera, un cop collit l´enciam, els altres cultius ocuparan el seu espai.

El problema més difícil de solucionar que pot presentar l´enciam són els ocells, que es mengen les fulles cercant l´aigua que contenen. Els pugons i els cargols són les altres plagues habituals en aquesta planta. La floració prematura de l´enciam és un problema fisiològic bastant freqüent i pot ser causat per un estrès de la planta, un calor excessiu, un reg defectuós o un fred intens.

PATATA

Una mica d´història

És originària d´Amèrica del Sud, on és l´aliment principal de la dieta de les poblacions andines. Va ser portada a Europa pels colonitzadors durant el segle XVI però no es va estendre el seu cultiu i el seu consum fins ben entrat el segle XVIII. Actualment és un aliment bàsic que es conrea en zones de clima temperat d´arreu del món.

Propietats nutricionals

És rica en hidrats de carboni, magnesi, potassi i aporta continguts moderats de vitamines B i C. Té la mala fama de ser un aliment que engreixa, però en realitat aporta moltes menys calories que el pa, sempre que no es consumeixi fregida. Les parts verdes de la planta contenen un element tòxic anomenat solanina, que també es pot trobar en tubercles que han estat exposats al sol i que tenen la pell verdosa.

Una mica de botànica

Forma part de la família de les solanàcies. El seu nom científic és *Solanum tuberosum*. Té unes tiges subterrànies (rizomes) en les quals es formen els tubercles a partir de l´acumulació de reserves que fa la planta.

Varietats

Si alguna vegada podeu visitar un mercat en alguna ciutat dels Andes americans, podreu comprovar la gran quantitat de varietats de patates que hi ha, de diferents formes, colors i grandàries. A Europa es cultiven varietats de tubercles més grossos i amb pocs ulls. Se solen classificar per la duració del cicle, el color de la polpa (blanc o groc) o l´ús culinari, que està relacionat amb la duresa de la polpa del tubercle.

Com cultivar

És una hortalissa de climes frescos, tolera les temperatures baixes i, fins i tot, les glaçades lleugeres a l´inici del cultiu, però no li agraden gens les temperatures massa càlides. Requereix un bon adobament i un recipient de cultiu força profund, ja que en recipients més petits dóna menys patates i més petites.

Es reprodueix a partir de tubercles o trossos de tubercle si són molt grans. Es planten a intervals de 40 cm al principi de la primavera.

La recol·lecció es fa quan les fulles comencen a assecar-se. La collita que s´obté en jardineres no és molt abundant, però sí molt saborosa.

Patata											
Productivitat (Kg/m^2): 3				Dificultat: mitja				Volum: 10 litres			
G	F	M	A	M	J	J	A	S	O	N	D
	Sembra protegida	Sembra protegida	Sembra protegida								
							Collita	Collita	Collita		

Sembra protegida

Collita

Associacions de cultiu

És interessant l´associació amb l´enciam, el porro o el rave a l´inici del cultiu. També és beneficiós cultivar-la després de les faves.

Malalties i problemes

L´escarabat de la patata és la plaga més característica, tot i que és poc habitual en patateres cultivades en balcons de ciutat. L´escarabat té un aspecte molt característic, amb ratlles negres i grogues, però són les seves larves les que s´alimenten de les fulles i tiges de la planta.

També es pot veure afectada per pugons, erugues i, en cas d´haver-hi molta humitat, alguns fongs com l´oïdi i el míldiu.

JULIVERT

Una mica d´història

Coneguda des d´antic per grecs i romans, que ja la utilitzaven com a condiment. És originària de l´oest d´Europa.

Propietats nutricionals

Conté substàncies que, en dosis elevades, poden ser nocives per al ronyó. Per això és convenient consumir-lo en quantitats moderades, com a condiment. Té un contingut molt elevat en vitamines C i A, però com que se´n consumeix tan poc, no aporta quantitats importants a la dieta. Conté olis essencials i substàncies amb efectes antioxidants, diürètics i anticancerígens.

Una mica de botànica

És de la mateixa família que la pastanaga i l´api, les umbel·líferes. El seu nom científic és *Petroselinum sativum*. És una planta bianual, el primer any forma una roseta de fulles i el segon any produeix la tija floral. S´adapta a situacions ombrívoles i li agrada la humitat constant.

Varietats

Hi ha tres grups de varietats botàniques:

- *Latifolium*. De fulla llisa, dins la qual hi ha les varietats més grans, com la varietat gegant d´Itàlia.
- *Crispum*. De fulla arrissada. Són varietats de cultiu més delicat i les seves llavors costen més de germinar.
- *Radicosum*. Forma una arrel comestible, similar a la xirivia. És poc coneguda.

Com cultivar

És sensible al fred intens. Per això se sol sembrar quan el risc de glaçades desapareix, des de finals d´hivern fins a l´estiu.

La llavor germina molt lentament, pot arribar a trigar més d´un mes. És útil posar-la en remull dos dies per accelerar la germinació. Tot i que es pot fer de planter o sembrada directament a l´hort, és més recomanable el planter.

No suporta gaire bé la falta d´aigua. Caldrà vigilar, doncs, que no li falti el reg durant tot el cultiu. La recol·lecció comença al cap de dos o tres mesos després de la sembra. Es van collint les fulles grans i podem mantenir la planta tot un any a l´hort fins que faci flor.

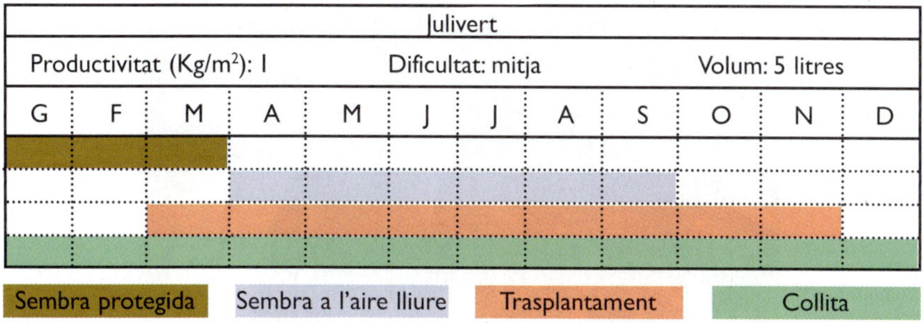

Associacions de cultiu

Cal evitar l´api, l´enciam i la pastanaga. Conviu bé amb el tomàquet.

Malalties i problemes

És una planta bastant rústica, però pot tenir problemes amb algunes espècies de pugó, algunes de les quals afecten les arrels. En condicions de falta d´aigua pot patir floració prematura.

PORRO

Una mica d´història

És una espècie originària d´Europa i l´Orient Mitjà. Coneguda ja a l´antic Egipte. És anomenada en un dels passatges de la Bíblia. Els gals penjaven porros als cascos abans de les batalles.

Propietats nutricionals

Molt rica en nutrients i molècules que protegeixen de les malalties cardiovasculars. Conté antioxidants com la vitamina C, la E i flavonoides. És ric en vitamina B_6, sulfurs, potassi i àcid fòlic. Té un elevat contingut en fibra i se li atribueixen propietats diürètiques.

Es consumeix el seu bulb i les fulles com a condiment o en amanides, cru o cuit.

Una mica de botànica

Juntament amb la ceba i l´all, forma part de la família de les liliàcies. El seu nom científic és *Allium porrum*. És una planta bianual que, durant el primer any de creixement, forma un bulb a partir de les reserves acumulades a la base de les fulles.

Varietats

Es classifiquen segons la grandària del porro en varietats llargues i varietats curtes. Les llargues formen un porro més fi i se solen produir per consumir crues. Les curtes solen fer un porro més gruixut i robust, i es consumeixen cuites.

Com cultivar

Per la seva arrel curta i superficial, s´adequa molt bé al cultiu en recipients. És molt rústic i s´adapta bé a climes diferents. És una planta de creixement lent i delicada de germinar, per això és preferible realitzar planter i trasplantar-lo després al recipient definitiu. En climes freds es pot sembrar a partir del final de l´hivern (març-abril) i en climes temperats gairebé tot l´any, tot i que s´obtenen millors resultats a la primavera. Quan trasplantem les plàntules de porro, caldrà deixar uns 15 cm de separació entre plantes.

Per aconseguir blanquejar les fulles, se solen calçar. Aquesta operació és difícil de fer en el cultiu en recipients, però si mirem de trasplantar la planta bastant profundament, l´operació de calçar ja no serà necessària.

Es recol·lecten al cap de 3-5 mesos després del trasplantament. Els pagesos no fan la recol·lecció fins que la planta té les dimensions màximes, per vendre-la millor al mercat; però a l´hort al balcó es pot

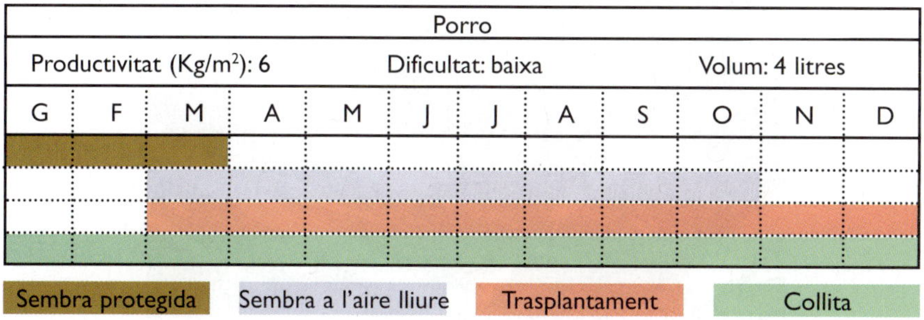

recollir molt abans, quan ens faci falta a la cuina. Si allarguem massa el moment de la collita, el bulb es trenca com si rebentés. Per a l´agricultor, aleshores és inservible per vendre, però nosaltres encara el podem utilitzar per a consumir-lo en sopes o guisats.

Associacions de cultiu

Creix bé amb l´api, l´enciam, la pastanaga i les solanàcies.

Malalties i problemes

Similars a les de la ceba, però és més sensible a la presència de pugons.

RAVE

Una mica d´història

El rave es troba representat a les pintures de la piràmide de Kheops. És, per tant, una verdura coneguda des d´antic per les civilitzacions mediterrànies. També se sap que el cultiu d´aquesta hortalissa era conegut antigament a la Xina. No queda clar, per tant, quin n´és l´origen exacte.

Propietats nutricionals

Se li atribueixen propietats diürètiques i antiescorbútiques, hom diu que ajuda a esvair la indigestió i les flatulències, i que es pot consumir com a expectorant. Té un contingut baix en calories, nivells moderats de vitamina C i petites quantitats de vitamines del complex B, a més de ferro i fòsfor. El tubercle del rave té un sabor picant característic degut a la presència d´oli mostassa en la seva composició. Habitualment es consumeix el tubercle cru en amanides. També es pot bullir o fregir, especialment els tubercles de les varietats d´hivern, que són més grans i consistents. Les fulles també són un aliment interessant com a substitut dels espinacs en una truita, en un plat de verdura cuita o en una amanida.

Una mica de botànica

Forma part de la família de les crucíferes, igual que les cols i els naps. Es caracteritzen perquè les flors de quatre pètals s´agrupen en raïms i els fruits són com una tavella allargassada (síliqua), dins la qual hi ha els fruits, rodons i petits. El seu nom científic és *Raphanus sativus*. És una planta anual, això vol dir que floreix la mateixa temporada en què se sembra. Forma una arrel on s´acumulen reserves.

Varietats

Hi ha varietats de colors diferents: vermell, groc, vermell i blanc, i negre. Si tenim en compte el cicle de cultiu, les principals varietats són:

- *Varietats de cicle curt*. Són varietats que es poden collir tres o quatre setmanes després de la sembra. Es poden sembrar tot l´any, sempre que no hi hagi risc de glaçades intenses. El tubercle és petit i arrodonit.
- *Varietats d´estiu-tardor*. Formen arrels més grans i allargassades que les anteriors. El cicle de cultiu és més llarg, d´unes 6 setmanes.
- *Varietats d´hivern*. Són les que formen arrels més grans i tenen un cicle de cultiu al voltant de tres mesos. Es cultiven a l´hivern.

Com cultivar

El cultiu és força ràpid i es pot fer gairebé tot l´any, però a l´hort urbà és recomanable evitar les èpoques amb perill de glaçades molt fortes i les èpoques de molta calor. A l´hivern la durada del cultiu serà més llarga que a l´estiu i la primavera.

Cal fer la sembra directament de llavor, arreu o en fileres. Després de la germinació, cal eliminar les petites plàntules que sobrin de manera que quedin uns 5 cm entre plantes. En el cas de les varietats de cicle llarg, cal augmentar la distància entre plantes fins a 10-15 cm. Si la densitat de plantes és massa elevada, les arrels no creixeran o seran molt petites. Les plàntules que arrenquem durant l´operació d´aclarida no es poden aprofitar per trasplantar degut al dany causat a les arrels.

És una bona idea sembrar una filera cada dues setmanes per tal d´obtenir una collita contínua durant tota la primavera i estiu. Cal vigilar que no passi set durant el cultiu. Si es cull massa tard, el rave s´esquerda i el gust és més picant. Per tant, cal que calculem bé el moment de la collita.

Rave											
Productivitat (Kg/m²): 2				Dificultat: baixa				Volum: 1 litre			
G	F	M	A	M	J	J	A	S	O	N	D

Sembra protegida

Collita

Associacions de cultiu

Com que es tracta d´un cultiu molt curt, no presenta incompatibilitats importants. Tot i això, s´associa bé amb l´enciam i el pèsol; és preferible evitar les verdures de la mateixa família com la col, la coliflor i el nap.

Malalties i problemes

Les formigues poden causar danys a la sembra si s´emporten les llavors. Alguns ocells, caragols o llimacs poden fer malbé les plantes durant les primeres setmanes després de la germinació.

REMOLATXA O BLEDA-RAVE

Una mica d´història

És originària d´Europa, però no se´n té notícia històrica fins a finals del segle XVI. És molt apreciada en els països anglosaxons, que la utilitzen en amanides.

Propietats nutricionals

El tubercle de la remolatxa és ric en potassi, àcid fòlic i fibra. Ajuda a disminuir l´absorció del colesterol, baixa la tensió arterial i disminueix el risc de malalties cardiovasculars.

Es consumeix rallada crua, bullida, al vapor o en sucs. Per evitar que perdi la coloració es bull amb la pell.

Una mica de botànica

És de la família de les quenopodiàcies, igual que els espinacs. És la mateixa espècie botànica que la bleda o la remolatxa farratgera (*Beta vulgaris*), però pertany a la subespècie rapa, que es caracteritza per formar una arrel grossa i carnosa de color vermell.

És una planta bianual, és a dir, amb un cicle de vida de dos anys. El primer any acumula reserves a la part superior de l´arrel i el segon any emet una tija que donarà lloc a la flor.

Varietats

Es classifiquen segons la forma de les arrels, que poden ser allargades, arrodonides o aplanades i de color vermell més o menys viu. Com en totes les hortalisses, hi ha varietats de diferent cicle de cultiu.

Com cultivar

És una planta que s´adapta molt bé a diferents climes. Només cal evitar sembrar-la durant l´hivern en zones molt fredes, ja que les baixes temperatures poden provocar que floreixi abans de temps.

Com que l´arrel és molt superficial, s´adapta molt bé al cultiu en recipients, especialment a la primavera i començament d´estiu. Malgrat que es pot fer de planter, se sol sembrar directament de llavor amb un interval de 20 cm entre plantes.

La collita es pot fer a partir d ´entre 60 i 80 dies després de la sembra. Si es cull molt tard, l´arrel és més fibrosa i menys dolça. Es conserva durant mesos en un lloc sec i fresc.

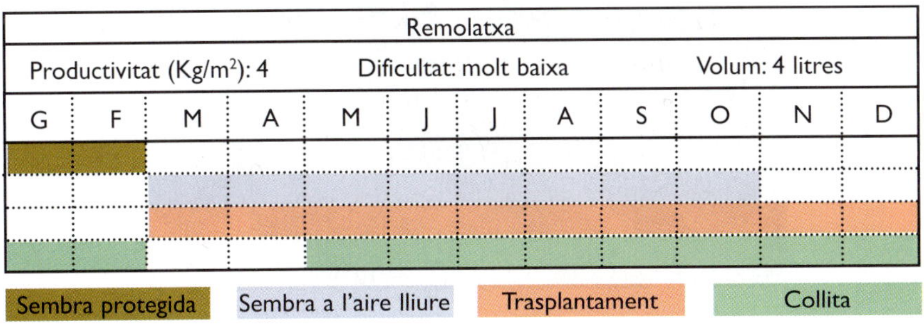

Associacions de cultiu

És incompatible amb la bleda i els espinacs. És compatible amb la ceba, el cogombre, l´enciam i la pastanaga.

Malalties i problemes

És molt rústica i sol presentar pocs problemes de plagues. El pugó i la mosca de la remolatxa són les plagues més comunes.

RUCA

Una mica d´història

És una planta originària del Mediterrani i cultivada des de temps antics, ja en l´època dels antics romans. Es troba de forma natural en marges de camins i en camps de conreu. Va ser oblidada durant molts anys, però des de fa poc torna a estar de moda a les amanides dels restaurants i es troba fàcilment als supermercats.

Propietats nutricionals

És rica en potassi i en vitamina C. Se li suposen propietats digestives.

Normalment es consumeixen les fulles crues, però també es poden consumir les flors. Té un sabor lleugerament amarg molt característic, que dóna un toc especial a les amanides.

Una mica de botànica

La ruca és de la família de les crucíferes, igual que les cols, el rave o el nap. El seu nom científic és *Eruca vesicaria*. *Eruca* significa tiges baixes i *vesicaria* fa referència a la forma de vesícula de la fulla.

És una planta anual. Forma una roseta de fulles amb el marge irregular i fa la típica flor de la família de les crucíferes, amb quatre pètals blancs. Es troba de forma natural als marges dels camins.

Com cultivar

És una planta que creix bé en temperatures suaus. L´excés de calor i sol fa que adquireixi un gust massa amarg. Així doncs, la millor època per cultivar-la és al començament de la primavera. També es pot fer a l´estiu o a la tardor.

Se sembra la llavor a intervals d´uns 15 cm. La collita pot començar a partir d ´entre 4 i 6 setmanes després de la sembra i és contínua fins a la floració. Tot i que no és gaire habitual el seu consum, la flor també és comestible i té el característic sabor picant de la fulla, però més intens.

És una planta de cicle curt que no és massa exigent en nutrients. Es tracta, doncs, d´un cultiu relativament fàcil.

Ruca											
Productivitat (Kg/m^2): 3				Dificultat: molt baixa				Volum: 1 litre			
G	F	M	A	M	J	J	A	S	O	N	D

Sembra protegida

Collita

Associacions de cultiu

Com que és una planta de cicle curt i tolera bé l´ombra, es pot aprofitar per associar-la amb altres plantes de cicle més llarg com l´albergínia, el pebrot o el tomàquet. Millor evitar les plantes de la mateixa família com les cols, el nap o el rave.

Malalties i problemes

És una planta molt rústica que no sol presentar problemes de malalties o plagues.

PASTANAGA

Una mica d´història

L´origen botànic de la pastanaga es localitza a l´Orient Mitjà, a l´actual Iran. Va ser cultivada i apreciada per les cultures mediterrànies des d´antic. A l´antiga Grècia ja la coneixien i l´apreciaven molt per les seves propietats medicinals. Les actuals varietats de color taronja i forma cònica van ser introduïdes pels àrabs a la península

Ibèrica cap al segle XII. Durant els segles XIV i XV es van estendre a la resta d´Europa.

Propietats nutricionals

La pastanaga és famosa pel seu contingut en vitamina A, de 2.000 a 10.000 UI per 100 g de pastanaga (les necessitats diàries d´un adult són de l´ordre de 4.000 UI). La vitamina A és fonamental per a les funcions de la pell i per als pigments dels ulls. També té un contingut important de vitamines C i B. Se li suposen propietats terapèutiques contra l´asma, el nerviosisme i algunes alteracions de la pell.

La pastanaga es pot menjar crua en amanides, o cuita, acompanyant carns o peixos. Collides petites són més dolces i tendres per consumir-les en amanides.

Una mica de botànica

Forma part de la família de les umbel·líferes, igual que l´api, el julivert i el fonoll. És una família que es caracteritza per tenir flors agrupades en umbel·les, que vol dir en forma de paraigua. El seu nom científic és *Daucus carota*. És una planta bianual; durant el primer any l´arrel acumula reserves i s´hipertrofia i el segon any fa la flor.

Varietats

Les varietats de pastanaga es poden classificar segons la forma de l´arrel, la grandària i el cicle de cultiu. Segons la forma de l´arrel poden ser cilíndriques, còniques i arrodonides. Segons la grandària, n´hi ha des de menys de 10 cm fins a 25 cm. Segons el cicle de cultiu n´hi ha de diferent resistència al fred i de diferent duració del cicle.

Com cultivar

A la pastanaga li agraden les temperatures suaus, tot i que pot suportar glaçades. Per tant, es pot sembrar gairebé tot l´any, excepte els mesos que preveiem glaçades molt intenses. A les zones de clima temperat, des de febrer fins a novembre. A les zones interiors, amb hiverns més freds, des de març fins a setembre.

Cal cultivar-la a partir de la llavor perquè no tolera bé el trasplantament. Es pot sembrar formant fileres o arreu. La llavor de la pastanaga té una germinació relativament lenta, uns 10-15 dies. Durant el període entre la sembra i la germinació és possible que les males herbes germinin més ràpidament i les haguem d´eliminar. Haurem d´anar en compte de no confondre les plàntules de mala herba amb les de la pastanaga.

Un cop germinada la llavor, cal aclarir les plantes per eliminar les que sobren i deixar uns intervals de 8 cm. Si les deixem massa juntes, les pastanagues seran més petites, tot i que igualment bones.

Des de la sembra fins a la collita solen passar uns 90 dies, tot i que hi ha varietats de cicle més curt, de fins a 75 dies. Per al cultiu en recipients, són aconsellables les varietats de cicle curt i de forma curta i arrodonida. Si cultiveu varietats llargues i el recipient no és gaire profund, les pastanagues sortiran tortes o bifurcades, però no per això deixaran de ser boníssimes. Una alternativa és collir la pastanaga tendra, al cap de 30 o 60 dies des de la sembra; són més petites, més dolces i menys fibroses que si es cullen més tard, una veritable llaminadura per als nens.

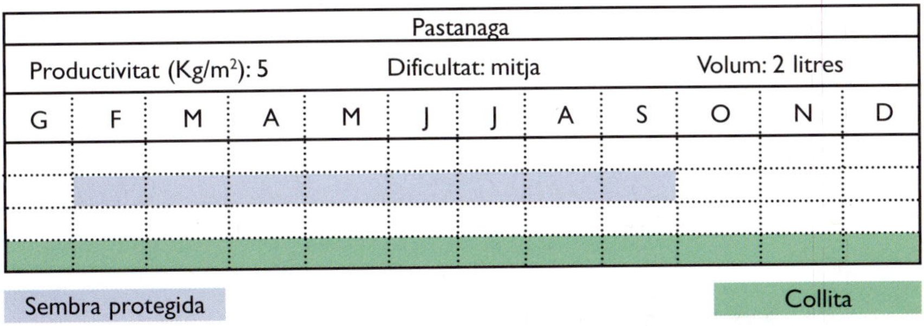

Associacions de cultiu

S'associa bé amb els alls, les cebes, l'enciam, el pèsol, el rave i el tomàquet. Cal evitar que coincideixin amb verdures de la mateixa família com l'api, el fonoll i el julivert.

Malalties i problemes

La mosca de la pastanaga és la plaga més important per als agricultors, però poc habitual en balcons i terrats urbans. La mosca posa els ous prop de la planta i les larves produeixen galeries a l'arrel. Per prevenir problemes importants amb aquesta plaga és útil associar la pastanaga amb la ceba, que té un efecte repel·lent sobre la mosca.

Hortalisses de tardor i hivern

Dins d´aquest grup hem posat les hortalisses que en algun moment del seu cicle poden tolerar glaçades més o menys intenses. La majoria es solen sembrar o trasplantar a la tardor i collir durant l´hivern o després. En climes continentals, amb hiverns molt freds, algunes d´aquestes espècies es cultiven a la primavera.

ALL

Una mica d´història

Sembla que és una planta originària del sud-oest de l´Àsia o del sud d´Europa. Es cultiva des de molt antic. Els antics egipcis i grecs ja la utilitzaven com a planta medicinal. Per exemple, Hipòcrates ja la receptava per a tumors uterins. Actualment es cultiva arreu del món i és molt apreciada per les seves propietats medicinals i com a condiment.

Propietats nutricionals

L´all és l´hortalissa amb més propietats medicinals, ja que conté gran quantitat de compostos químics amb efectes beneficiosos per a la salut. Algunes de les propietats més reconegudes són la reducció del colesterol, l´efecte antihipertensiu, la prevenció del càncer d´estómac, l´augment de la capacitat del sistema immunològic i l´efecte antibiòtic.

L´ús principal de l´all és com a condiment en qualsevol tipus de plat o salsa. Sembla que és convenient xafar-lo i coure´l per aprofitar al màxim les seves propietats. També es consumeix tota la planta collida jove, en forma d´all tendre.

Una mica de botànica

És una planta de la família de les liliàcies, el seu nom científic és *Allium sativum*. És cosina germana de la ceba i també produeix un bulb a partir de les reserves acumulades a la base de les fulles. Però el bulb de l´all es diferencia del de la ceba perquè es desfà en unes unitats elementals anomenades grans. El nombre de grans per bulb és molt variable, segons la varietat i les condicions ambientals pot ser des de 2 o 3 fins a 15 o més. És una planta bianual, això vol dir que el seu cicle té una duració de dos anys, o sigui, que fins al segon any no fa la flor. Treu unes arrels molt nombroses i curtes, la qual cosa fa que sigui una planta molt ben adaptada al cultiu en l´hort urbà. Per formar el bulb necessita temperatures suaus i una duració del dia llarg.

Varietats

Hi ha dos grups de varietats: els alls blancs i els alls rosats. Els alls blancs es conserven millor i se solen consumir secs, mentre que els rosats es consumeixen més com a alls tendres. Dins d´aquests dos grups hi ha moltes varietats amb diferent duració del cicle, grandària i adaptació al clima.

Com cultivar

És una planta que s´adapta molt bé a diferents climes i que tolera el fred de l´hivern. Per a la formació del bulb necessita temperatures suaus i no li agraden les temperatures càlides de l´estiu. Per tant, se sol cultivar de manera que la formació del bulb coincideixi amb la primavera. En els climes molt freds la plantació es fa a finals d´hivern i en climes més temperats es pot fer des del novembre fins al gener. La plantació es fa a partir dels grans del bulb. Cal tenir en compte que si sembrem un gra d´all acabat de collir, pot tenir latència, o sigui, que trigarà un cert temps a germinar.

És una planta poc exigent en adob i aigua. Alguns agricultors el cultiven en secà, per tant no necessita un reg molt freqüent. La recol·lecció es fa a partir del juny i fins al juliol, si es vol l´all per assecar, i abans, si es volen collir alls tendres. La separació entre les plantes d´all pot ser molt petita, de l´ordre de 10-20 cm. En el cas de voler collir alls tendres, les plantes poden estar més juntes i es cullen al cap de 60 dies. A partir dels 3,5-4 mesos es cullen els alls madurs, quan les fulles estiguin marcides, i es poden conservar durant molts mesos.

All											
Productivitat (Kg/m^2): 3				Dificultat: baixa				Volum: 3 litres			
G	F	M	A	M	J	J	A	S	O	N	D
■	■	■								■	■
	■	■	■	■	■	■	■				

Sembra protegida (blau) — Collita (verd)

Associacions de cultiu

És una planta petita i permet aprofitar petits espais entre plantes més grans per fer associacions de cultiu que augmentin el rendiment de l´hort.

S´associa bé amb l´albergínia, el cogombre, l´enciam, l´escarola, el pebrot, la remolatxa i el tomàquet. Cal evitar que coincideixi amb la fava, la mongeta o el pèsol.

Malalties i problemes

L´all sol tenir pocs problemes de plagues o malalties. Les larves d´alguna espècie de mosca, escarabat i papallona poden fer malbé l´all. L´excés d´aigua pot provocar algun podriment a les arrels.

La pujada de flor prematura és un problema habitual. Cal eliminar la tija floral abans que faci flor, la qual es pot aprofitar per al consum.

CEBA

Una mica d´història

La ceba és un dels cultius més antics de la cultura mediterrània. El seu origen se sol situar a l´Orient Mitjà, però és coneguda des d´antic per les cultures del mediterrani, com la cultura egípcia.

Propietats nutricionals

La ceba té un contingut molt ampli de nutrients, vitamines, glúcids i

fibra, però el més valuós és el contingut en substàncies fitoquímiques (flavonoides, glucosinolats, fitoesterols, etc.), que li donen es seu gust característic i les seves propietats medicinals. Se li suposen propietats antisèptiques, diürètiques i un efecte afrodisíac.

Es consumeix de moltes maneres, crua, cuita, en conserva i com a condiment, i acompanyant gran varietat de plats de carn, peix o verdures.

Una mica de botànica

La ceba és una planta de la família de les liliàcies, el seu nom científic és *Allium cepa*. És una planta bianual, això vol dir que el seu cicle té una duració de dos anys, o sigui, que fins al segon any no fa la flor. El bulb o ceba en sentit estricte és format per l´acumulació de reserves a la base de les fulles. Té un sistema radical que s´adapta molt bé al cultiu en recipients.

Varietats

Hi ha molts tipus de cebes, alguns típics de certes zones geogràfiques. Es classifiquen per la forma del bulb, el cicle de cultiu o l´adaptació al clima. Les cebes necessiten un mínim de duració del dia (fotoperíode llarg) per induir la formació del bulb. Segons les necessitats de fotoperíode es classifiquen en:

- *Varietats d´estiu.* Són les que es cullen a l´estiu i necessiten força hores de llum per formar el bulb. També es coneixen com a varietats de dia llarg.
- *Varietats d´hivern.* Són les que es cullen a la tardor i principis d´hivern. Es coneixen com a varietats de dia curt o de fotoperíode curt, tot i que en realitat s´hauria de dir de fotoperíode menys llarg.

També es classifiquen segons si es cullen seques i tendres o de manat (fa referència al fet que es venen en feixos o manats de vàries cebes). Tot i que totes les cebes es poden collir tendres o seques, les varietats per collir-les seques són les que es conserven millor durant força temps després de la collita.

El color del bulb és una altra característica per agrupar les varietats. Hi ha varietats de bulb blanc, com la varietat Blanca de Fuentes, que es pot consumir seca o tendra, varietats de bulb groc, com les varietats Babosa o Valenciana primerenca, i les de bulb vermell, com la ceba de Figueres.

Com cultivar

És una planta resistent al fred però requereix temperatures una mica elevades i un mínim de duració del dia per formar el bulb.

Es fa de planter. Es pot sembrar a finals d´estiu o a finals d´hivern, segons quan es vulgui collir. El cicles més recomanables són l´estiu, per a la ceba seca, i l´hivern, per a la ceba tendra. És preferible evitar el trasplantament a ple estiu, ja que les temperatures elevades i el dia llarg provoquen que la planta formi el bulb massa aviat, sense temps d´haver desenvolupat prou les fulles, i els bulbs collits són molt petits.

Es pot fer la sembra en pots, amb 4-5 llavors per pot, o en safates o testos petits. Des de la sembra al trasplantament poden passar de 30 a 90 dies, segons l´època en que es faci. Si es trasplanten a arrel nua, se separa cada planta uns 15-20 cm. Si utilitzem planter de pot, amb dues o tres plantes per cada pa, cal augmentar la separació entre plantes fins a 25-30 cm. Cal tenir en compte que, si trasplantem les cebes molt juntes, obtindrem bulbs més petits.

Si es vol collir el bulb sec i conservar-lo durant uns quants mesos, cal esperar que les fulles comencin a assecar-se, 3 o 4 mesos després del trasplantament. Després de la collita, es deixa assecar el bulb al sol. També es pot collir tendra a partir dels dos mesos de cultiu.

Ceba											
Productivitat (Kg/m²): 15				Dificultat: baixa				Volum: 3 litres			
G	F	M	A	M	J	J	A	S	O	N	D
Sembra protegida	Sembra protegida										Sembra protegida
							Sembra a l'aire lliure	Sembra a l'aire lliure	Sembra a l'aire lliure		
	Trasplant.	Trasplant.	Trasplant.					Trasplant.	Trasplant.		
Collita ceba tendra	Collita ceba tendra			Collita ceba seca	Collita ceba seca	Collita ceba seca				Collita ceba tendra	Collita ceba tendra

Sembra protegida · Sembra a l'aire lliure · Trasplant. · Collita ceba seca · Collita ceba tendra

Associacions de cultiu

És compatible amb les solanàcies (albergínia, pebrot, tomàquet), l´enciam, la pastanaga i les cucurbitàcies (cogombre i meló). La ceba no és compatible amb plantes de la mateixa família, com són l´all i el porro. Tampoc no és compatible amb les lleguminoses, com la fava o el pèsol.

La larva de la mosca de la ceba és un insecte que pot afectar les parts verdes de la planta.

La floració prematura és el problema més habitual de la ceba. Sol ser deguda a les baixes temperatures, per tant, és més habitual quan sembrem la ceba a primers d´hivern. Si ens trobem amb aquest problema, cal eliminar l´espiga floral el més aviat possible.

COL DE CABDELL

Una mica d'història

Creix de forma natural en diverses zones de la costa europea. Coneguda des d'antic, ja la cultivaven els egipcis cap al 2.500 a.C. Va ser cultivada a tot Europa durant l'edat mitjana i ja s'utilitzava per eliminar la embriaguesa en època dels antics romans.

Propietats nutricionals

Conté molt betacarotè i vitamina C, especialment a les fulles verdes. És rica en glucosinolats, que prevenen diversos tipus de càncer de mucoses. Pot ajudar a prevenir l´osteoporosi per la seva riquesa en vitamina K, potassi, calci i fòsfor. Conté molta fibra de cel·lulosa, que ajuda a millorar el funcionament intestinal. El suc de col s´utilitza en medicina natural per expulsar paràsits intestinals.

Es consumeix crua, cuita, fermentada, en sucs, en amanides o en plats de verdura cuita. Val la pena aprofitar les fulles exteriors per fer saltats de verdures, ja que són molt riques en nutrients.

Una mica de botànica

Hi ha moltes espècies de col: col silvestre, col arrissada o col de Milà, col farratgera, romanesco, col de Brussel·les, etc. Nosaltres ens centrarem en la col de cabdell. Pertany a la família de les crucíferes, igual que el rave, la coliflor, el bròquil o el nap. Forma part de l´espècie *Brassica oleracea* i, dins d'aquesta espècie, pertany al grup *Capitata.*

És una planta bianual en què, durant el primer any de desenvolupament, les fulles superiors formen un cabdell al voltant de la gemma terminal i acumula reserves nutritives que li serviran, el segon any, per emetre una tija que donarà lloc a les flors.

Varietats

Hi ha tres grans grups, les de fulla llisa i cabdell blanc, les de fulla arrissada, també conegudes com a cols de Milà, i les de fulla vermellosa o cols llombardes. Dins d´aquests grups podem trobar diferents varietats segons la seva adaptació al clima. Les varietats de tardor-hivern toleren molt bé les temperatures baixes, mentre que les de primavera-estiu estan adaptades a temperatures més elevades.

Com cultivar

És una planta de creixement lent. S´adapta a molts climes diferents. Hi ha varietats que resisteixen glaçades molt intenses, de l'ordre de −10 °C, mentre que altres s'adapten bé al creixement a ple estiu.

Es fa de planter o de llavor. Tot i que es pot cultivar gairebé tot l´any, és preferible trasplantar-la durant la primavera o la tardor i evitar els mesos d´estiu. En les èpoques caloroses hi ha altres hortalisses més adaptades. El trasplantament al final de l´estiu o començament de la tardor permet tenir ocupat l´hort durant els mesos d´hivern. També es pot trasplantar a finals d´hivern. És una planta que assoleix unes dimensions força grans, necessita de l´ordre de 40-60 cm de separació.

La collita de la col es pot fer quan el cabdell té consistència. Això sol passar a partir dels tres mesos, segons la varietat. El cabdell es conserva bé a la nevera durant moltes setmanes.

Col												
Productivitat (Kg/m²): 8				Dificultat: mitja				Volum: 25 litres				
	G	F	M	A	M	J	J	A	S	O	N	D
Sembra protegida	X	X	X									
Sembra a l'aire lliure			X	X				X	X			
Trasplantament		X	X	X	X				X	X	X	
Collita		X	X	X	X	X	X	X	X	X	X	X

Sembra protegida · Sembra a l'aire lliure · Trasplantament · Collita

Associacions de cultiu

Com que és de creixement bastant lent, es pot associar o esglaonar amb altres hortalisses de creixement més ràpid. És compatible amb l´all, l´api, la ceba, la fava, el pèsol o la remolatxa.

Malalties i problemes

Són habituals les plagues de pugó i d´algunes larves, com la papallona de la col, que es menja les fulles, i la mosca de la col, que perfora la tija. També es pot veure afectada per caragols i llimacs.

COLIFLOR

Una mica d´història

És originaria de l´Orient Mitjà. Hi ha registres del segle VI a.C. que parlen, referint-se a la coliflor, de la col de Xipre. Hi ha escrits de botànics àrabs del segle XII que l´anomenen col de Síria. Es va estendre el cultiu a Europa a partir del segle XVI.

Propietats nutricionals

És una bona font de vitamines C, B_6 i K; de potassi, calci, àcid fòlic, flavonoides i fibra. És bona per la prevenció del càncer d´estómac i de còlon. Les coliflors verdes tenen quantitats majors de vitamina C que les blanques.

Se sol consumir cuita al vapor, tot i que també es pot menjar crua en amanides.

Una mica de botànica

És una crucífera, de la mateixa espècie botànica que la col *Brassica oleracea* però varietat *botrytis*.

Hi ha una mica de confusió entre la coliflor i el bròquil. Algunes varietats de coliflor d´hivern, que tenen la flor de color morat són anomenades com a bròquils. El bròquil, que és la mateixa espècie però diferent varietat (*Brassica oleracea* varietat *italica*), es caracteritza per tenir les fulles d´un color verd més fosc i més arrissades, i formar flors laterals. La coliflor, en canvi, només forma una inflorescència principal.

En una primera fase la coliflor només forma fulles. Aquesta fase pot durar des d´un mes i mig fins a més de tres mesos, segons la varietat i el clima. En una segona fase la planta comença a formar flors. Primer es forma el cabdell amb les flors immadures, que acumulen reserves nutritives. Les fulles envolten les flors. Aquest és l´estadi en què es cull la coliflor per al seu consum. Si la deixem a l´hort, les flors maduren i el cap s´esgrogueeix i perd la seva compacitat.

Varietats

Hi ha moltes varietats que s´agrupen segons la duració del cicle i l´època de creixement. Les més habituals són les de tardor i hivern, més resistents al fred i que solen tenir un cicle de cultiu més llarg, de tres a cinc mesos després de la plantació. Hi ha altres varietats més adaptades a la calor.

Existeixen varietats de coliflors nanes, molt interessants per al cultiu en recipients.

Com cultivar

És una planta amb molt bona adaptació al cultiu en recipients sempre que tinguin un volum de substrat prou gran. Perquè faci flor necessita passar fred (vernalitzar). Els millors resultats s´obtenen en varietats trasplantades al final de l´estiu, que es recol·lecten a l´hivern. També hi ha varietats de primavera i estiu, però no s´adapten tan bé i a vegades tenen dificultats per formar la flor.

Cal tenir en compte que és una planta que creix bastant. L´hem de plantar amb una separació de 40-60 cm. El moment de la recol·lecció és molt important en aquesta hortalissa. Cal realitzar-la quan el cabdell floral encara és dens. Si ens descuidem i la flor comença a obrir-se, perd qualitat per al consum.

Coliflor

Productivitat (Kg/m²): 5 | Dificultat: alta | Volum: 15 litres

	G	F	M	A	M	J	J	A	S	O	N	D
Sembra protegida						■	■	■	■			
Trasplantament							■	■	■	■		
Collita	■	■	■	■							■	■

Associacions de cultiu

És compatible amb l´all, la bleda, la ceba i la remolatxa. És interessant utilitzar en successió plantes de cicle més curt com l´enciam i l´espinac.

Cal evitar les plantes de la mateixa família, especialment les cols.

Malalties i problemes

En totes les espècies de cols els problemes que ens podem trobar són similars: pugó, papallona de la col, mosca de la col, caragols i llimacs.

ESCAROLA

Una mica d'història

Es creu que és originària de l'Índia, però ja era consumida pels antics egipcis i molt valorada en l'època de les antigues civilitzacions grega i romana. En el segle XIX va ser introduïda a Amèrica pels europeus.

En el segle XIX se'n va desenvolupar un sistema de cultiu forçat en una cambra climatitzada i fosca per obtenir-ne fulles completament blanques. Aquest tipus de cultiu es coneix com a endívia.

Propietats nutricionals

Rica en potassi, àcid fòlic, ferro, calci, magnesi i antioxidants. Té continguts moderats en vitamines A i B. Els principis amargs la fan indicada per estimular la secreció de la bilis i prevenir els càlculs biliars. El seu contingut en minerals ajuda a prevenir l'osteoporosi.

Es consumeix crua en amanides.

Una mica de botànica

El seu nom científic és *Cichorium endivia.* És de la família de les compostes, igual que l'enciam i la carxofa. És característica d'aquesta família la flor composta, formada per petites flors que constitueixen el que s'anomena un capítol.

És una planta bianual, que floreix durant el segon any de cultiu. Les fulles de la majoria de varietats són arrissades i no formen mai un cabdell.

Varietats

Hi ha varietats de fulla arrissada i varietats de fulla ampla. Dins de les varietats de fulla arrissada, amb la vora molt retallada, hi ha les varietats Wallones, que són escaroles molt grosses i resistents al fred. També són molt populars les varietats Cabell d´Àngel que, com el seu nom indica, tenen les fulles molt arrissades i fines.

Les varietats de fulla ampla tenen fulles més grans, ondulades i no tan retallades. Són més resistents que les de fulla arrissada.

Dins d´aquests dos grups hi ha moltes varietats, que es classifiquen segons l´època de collita en varietats d´hivern, de tardor o de primavera.

Hi ha varietats específiques per al cultiu d´endívies.

Com cultivar

En alguns indrets es coneix l´escarola com enciam de muntanya, ja que s´adapta millor al fred. Actualment hi ha varietats tant d´enciam com d´escarola per a gairebé qualsevol època de l´any. Tot i això, la millor època per cultivar-la al balcó és la tardor i també es pot fer a la primavera. Durant les primeres setmanes de cultiu cal evitar les glaçades de l´hivern i l´excessiva calor de l´estiu. En zones de clima temperat se sembra a la tardor o a l´hivern i es cull a l´hivern o a la primavera. Si volem escaroles de major qualitat, hem d´esperar a collir-les després dels primers dies de fred, ja que això les fa més dolces.

Se sol fer a partir de planter, que es pot sembrar en pots o safates. El temps de planter és d´uns 40 dies. En general el cultiu dura una mica més que el dels enciams, de 7 a 12 setmanes.

Algunes varietats formen un cabdell molt dens i amb les fulles interiors blanques. En les varietats que no formen cabdell, els agricultors solen lligar les escaroles per blanquejar-les. Antigament es tapaven les escaroles amb un sac i es cobrien amb terra fins a la collita, pels volts de Nadal. Una solució fàcil per blanquejar-les és posar-hi un plat a sobre deu dies abans de la collita.

Escarola												
Productivitat (Kg/m^2): 5	Dificultat: mitja					Volum: 4 litres						
	G	F	M	A	M	J	J	A	S	O	N	D
Sembra protegida	X	X										
Sembra a l'aire lliure			X					X	X			
Trasplantament			X	X					X	X		
Collita	X			X	X	X				X	X	X

Sembra protegida · Sembra a l'aire lliure · Trasplantament · Collita

Associacions de cultiu

Cal evitar l´enciam, que és de la mateixa família. És compatible amb l´all, la ceba i el tomàquet.

Malalties i problemes

És una planta bastant rústica i presenta poques malalties, sobretot si la cultivem en èpoques de poca calor. Es pot veure afectada per alguna espècie de pugó i llimacs.

PÈSOL

Una mica d´història

És una de les hortalisses més antigues de la cultura europea. S´han trobat restes de pèsols en excavacions arqueològiques de 9.000 anys d´antiguitat. Els antics grecs i romans ja cultivaven els pèsols i els consumien habitualment.

Propietats nutricionals

El pèsol és ric en proteïnes, té un contingut interessant en vitamines A i C i sals minerals, potassi, ferro, zinc, luteïna i àcid

fòlic. És l´aliment més ric en vitamina B i conté força fibra. Els nutrients del pèsol són bons per al cor, redueixen el colesterol a la sang, controlen els nivells de sucre i són rics en antioxidants. Es poden consumir tendres o secs. Actualment és més habitual el consum de pèsol tendre i sovint congelat. Se solen coure per ebullició, tot i que per conservar-ne totes les vitamines és preferible el consum fresc o escaldat.

Una mica de botànica

El nom llatí és *Pisum sativum*. Pertany a la família de les lleguminoses. Les espècies de la família de les lleguminoses tenen la particularitat d´associar-se amb un bacteri anomenat *Rhizobium*, el qual obté nitrogen de l´atmosfera que la planta aprofita. Aquesta associació, anomenada simbiosis, es dóna a les arrels de la planta i forma uns nòduls petits molt característics i que són molt fàcils d´observar. És una planta anual. Les fulles són compostes, dividides en fulles més petites anomenades folíols. Algunes varietats tenen un creixement indeterminat, o sigui que es comporten com a plantes enfiladisses i poden arribar als 3 metres d´alçada. Altres varietats tenen un creixement determinat i formen mates de 60 a 90 cm. Com en totes les lleguminoses, el fruit del pèsol és una tavella a l´interior de la qual hi ha la llavor.

Varietats

Les varietats de pèsol es classifiquen segons el creixement de la planta en varietats nanes, en les que la tija no sobrepassa els 90 cm de longitud, i varietats de creixement indeterminat, en les quals la tija sobrepassa el metre i en alguns casos pot arribar a 2-3 m.

També es poden classificar segons la duració del cultiu en varietats precoces, que necessiten menys dies entre la sembra i la fructificació, i d´altres més tardanes, que inicien la fructificació més tard.

Hi ha varietats de les que s´aprofita tota la tavella tendra, també anomenades tirabecs.

Com cultivar

Es cultiva a partir de llavor, tot i que també es pot realitzar planter si es té molta cura de no malmetre les arrels durant el trasplantament. Per accelerar la germinació és útil deixar la llavor en remull unes hores abans de la sembra.

L´època de sembra és entre la tardor i la primavera. En zones amb glaçades intenses cal evitar el cultiu durant l´hivern, o plantar alguna de les varietats més resistents al fred. En general, són bones èpoques de sembra el setembre-octubre i el febrer-març, tot i que en climes temperats es pot ampliar el període de sembra fins al novembre. Se sembren 3 llavors en forats separats uns 40 cm.

No és molt exigent en adob ni en reg. Cal posar una canya o un pal que faci d´aspre i la planta s´hi enfilarà tota sola gràcies als circells.

La collita dels pèsols comença uns 60 dies després de la sembra. Aquest període pot canviar segons la varietat i la climatologia. Cal utilitzar un ganivet o unes tisores per collir els pèsols amb cura de no malmetre la planta. En les varietats de tirabec, es consumeix tot el llegum i cal collir-lo quan els grans encara no s´han engruixit. Si esperem massa, les tavelles seran molt fibroses. Per consumir el pèsol cal deixar que el llegum es faci gros, però sense que s´endureixi massa. La pesolera és una planta poc productiva i cal tenir-ne moltes per aconseguir un plat de verdura. Una sola planta, però, fa les delícies dels infants, ja que el pèsols tendres són molt dolços i es poden menjar crus com una llaminadura.

Pèsol											
Productivitat (Kg/m²): 1				Dificultat: baixa				Volum: 5 litres			
G	F	M	A	M	J	J	A	S	O	N	D

Sembra protegida

Collita

Associacions de cultiu

S´associa bé amb la col, l´enciam, la pastanaga i el rave. Cal evitar que coincideixin amb verdures de la mateixa família com la fava i la mongeta. Tampoc és recomanable que coincideixi amb l´all, la ceba o el porro.

Malalties i problemes

Igual que en la fava, el problema més habitual sol ser el pugó.

FAVA

Una mica d'història

La fava és un cultiu que forma part de l'agricultura mediterrània des de l'edat del ferro. A la Grècia antiga eren molt apreciades i les oferien al déu Apol·lo.

Tot i que l'origen botànic no és molt clar, hi ha qui el situa en el continent Africà, però altres fonts creuen que prové de l'Orient Mitjà. Actualment es troba arreu del món, és el plat nacional egipci i es cultiva sobretot en zones fredes del planeta, com és el cas dels Andes americans.

Propietats nutricionals

Com en totes les lleguminoses, les faves tenen un contingut en proteïnes elevat, comparat amb altres hortalisses. Té un bon contingut en calci, fibra i vitamines B_1 i B_2. Hom diu que les flors tenen propietats afrodisíaques, depuratives i antireumàtiques. El consum de faves ajuda a baixar el nivell de colesterol.

Es consumeixen cuites al vapor o bullides. Poden acompanyar altres verdures o carns en saltats o guisats. La fava seca és lleugerament indigesta i cal posar-la en remull i coure-la bé per evitar problemes estomacals. Tenen fama de provocar malsons si es mengen de nit. Antigament es pensava que les ànimes dels morts habitaven al seu interior i no deixaven dormir tranquil.

Una mica de botànica

El nom científic de la favera és *Vicia faba*. Pertany a la família de les lleguminoses. Les espècies de la família de les lleguminoses tenen la particularitat d´associar-se amb un bacteri anomenat *Rhizobium*, el qual obté nitrogen de l´atmosfera i l´intercanvia amb la planta a canvi d´energia de la fotosíntesi. Aquesta associació, anomenada simbiosis, es dóna a les arrels de la planta, formant uns petits nòduls molt característics i que són molt fàcils d´observar a simple vista.

És una planta anual, o sigui, que el seu cicle de vida no dura més d´un any. Les fulles són compostes, dividides en fulles més petites anomenades folíols. La tija és molt característica, perquè té una secció rectangular. Pot créixer de 80 a 180 cm d´alçada. Com en totes les lleguminoses, el fruit de les faves és una tavella a l´interior de la qual hi ha la llavor. Se sol consumir la llavor tendra, però també es pot collir seca i, en alguns llocs del litoral mediterrani es consumeix amb la tavella inclosa.

Varietats

Les varietats de fava es classifiquen per la duració del seu cicle i per la grandària de la planta. Per cultivar-la en recipients al balcó o al terrat, són aconsellables les varietats de cicle més curt i de menor creixement. Tot i això, les varietats més grans també es desenvolupen bé en recipients de cultiu, si són prou grans.

Com cultivar

A la favera no li agrada la calor i resisteix bé les temperatures baixes. És per això que es cultiva típicament a la tardor i a l´hivern, tot i que també es poden fer sembres primaverals. Se sembra la llavor entre setembre i desembre. En climes continentals o de muntanya, amb hiverns molt freds, la sembra se sol fer a la primavera que es fa en forats de 4-5 cm de profunditat, amb un interval d´uns 30-40 cm i es posen tres llavors per forat.

Cal vigilar el reg perquè és bastant exigent en aigua. Ho és poc en adob, ja que té capacitat d´obtenir el nitrogen de l´atmosfera. La collita és esglaonada i pot allargar-se bona part de la primavera. En funció de les nostres preferències, es pot collir la fava tendra o esperar que s´assequi el fruit.

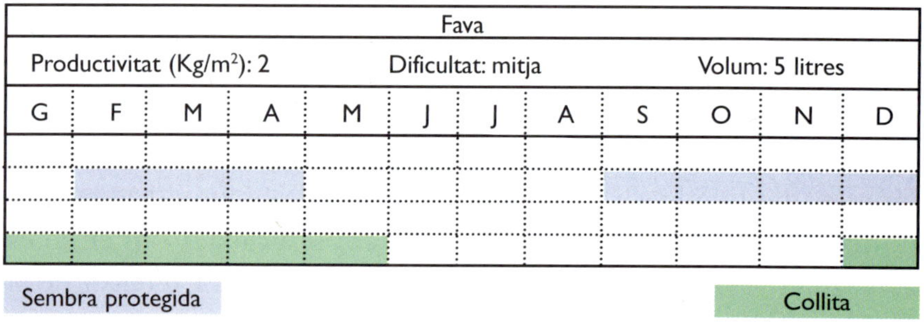

Associacions de cultiu

S´associa bé amb el blat de moro, l´enciam, l´espinac i la patata. És incompatible amb els alls, les cebes, la mongeta, el pèsol i els porros.

El pugó és un problema habitual a la fava, fins i tot existeix una espècie de pugó conegut com el Pugó negre de la fava (*Aphis favae*). També pot sofrir atacs de cargols i llimacs.

En condicions d´humitat les fulles poden ésser infectades pel míldiu i altres fongs.

HERBA DELS CANONGES

Una mica d´història

Originària d´Europa i coneguda des de fa segles, era cultivada com a enciam d´hivern fins que en va decaure el seu ús durant els segles XVIII i XIX degut a l´aparició de varietats d´enciam adaptades al fred. El seu nom fa referència al seu cultiu en els horts dels monestirs.

Fins fa poc era força desconeguda, però en els darrers anys s´ha tornat a posar de moda a les cuines dels països europeus.

Propietats nutricionals

És una bona font de betacarotè, vitamina C i àcid fòlic. Té propietats diürètiques, depuratives i laxants.

S´utilitza crua en amanides. No es conserva bé i cal consumir-la de seguida un cop collida. Potser aquesta és una de les causes de que no s´hagi estès gaire la producció i la comercialització d´aquesta planta.

Una mica de botànica

El seu nom científic és *Valerianella locusta* i és de la família de les valerianàcies. Es troba de forma natural en zones fresques d´Europa. Les varietats seleccionades per al cultiu són de sabor més suau que les silvestres.

Varietats

Hi ha dos grups principals de varietats, les de fulla gran i les de fulla més estreta i planta més compacta, que són les que es cultiven habitualment a Europa.

Com cultivar

No s´adapta bé a la calor ni a la falta d´aigua, per tant cal cultivar-la a la tardor i a l´hivern. Se sembra de llavor a partir de mitjan estiu, quan les temperatures comencen a ser més fresques. Se sembra en files o escampada i s´aclareixen les plantes fins a deixar uns 10 cm de separació. Com que la llavor germina amb dificultat, és interessant posar-la en remull un o dos dies abans de la sembra.

Es cull fins a la primavera, ja que amb l´arribada de les primeres calors la planta fa flor i finalitza el seu cicle.

Herba dels canonges											
Productivitat (Kg/m^2): 2				Dificultat: baixa				Volum: l litre			
G	F	M	A	M	J	J	A	S	O	N	D

Sembra protegida

Collita

Associacions de cultiu

Com que és un cultiu petit, es pot cultivar en els intervals d´altres plantes de cicle més llarg, com la col, el nap, la pastanaga o el porro.

Malalties i problemes

És una planta molt rústica que no sol presentar problemes importants. Només pot presentar algun problema de fongs a les fulles.

NAP

Una mica d´història

És una espècie cultivada a Europa des de temps remots. Va ser un aliment bàsic des de la civilització grega fins a l´edat mitjana, fins que l´aparició de la patata, que va venir d´Amèrica, el va desplaçar.

Propietats nutricionals

Conté petites quantitats de vitamines C i B i minerals com el potassi i el calci, entre d´altres. Igual que les altres hortalisses de la família de les crucíferes té propietats anticancerígenes gràcies a la presència d´antioxidants.

Actualment es fa servir molt en ramaderia, com aliment. L´home el consumeix cuit, formant part de guisats, cremes o sopes. També es pot consumir cru i ratllat en amanides. Les fulles es poden consumir cuites.

Una mica de botànica

És de la família de les crucíferes i el nom científic és *Brassica napus*. És una planta bianual, que durant el primer any acumula reserves a l´arrel i el segon any fa la floració.

Varietats

Normalment es classifiquen per la forma de l´arrel en allargades i arrodonides. També es poden trobar varietats amb arrels de diferent color, blanques, vermelles o negres.

Com cultivar

És una planta que prefereix el clima fresc i humit, per tant es cultiva a la primavera o a la tardor, tot i que algunes varietats aguanten bastant bé la calor de l´estiu.

Se sembra directament de llavor, amb una separació de 15 a 20 cm amb altres plantes. Com que la llavor és molt petita, és habitual fer sembres en línies i aclarir les plàntules poc després de la germinació.

És una planta de cultiu força fàcil, només cal vigilar que el recipient no s´assequi o s´escalfi massa. Algunes varietats de cicle molt curt es cullen 45 dies després de la sembra. Altres poden trigar més de tres mesos.

Nap											
Productivitat (Kg/m^2): 5				Dificultat: molt baixa				Volum: 3 litres			
G	F	M	A	M	J	J	A	S	O	N	D
		Sembra protegida	Sembra protegida				Sembra protegida	Sembra protegida	Sembra protegida		
			Collita	Collita	Collita				Collita	Collita	Collita

Sembra protegida — Collita

Associacions de cultiu

És compatible amb l´all, l´api, la ceba, la pastanaga, el porro i el tomàquet.

Cal evitar les altres hortalisses de la mateixa família: les cols i els raves.

Malalties i problemes

Com que és una planta de cicle bastant curt no sol tenir problemes, sobretot si la cultivem a la tardor-hivern. Els ocells, caragols, llimacs o erugues poden fer malbé les plantes durant les primeres setmanes després de la germinació.

QUÈ ÉS UNA PLAGA O MALALTIA?

En un sistema natural, com pot ser un bosc, hi conviuen una gran diversitat d´espècies vegetals i animals que es relacionen entre elles. Les plantes creixen aprofitant l´energia del Sol i els nutrients del terra, els animals herbívors s´alimenten dels vegetals i els carnívors s´alimenten d´altres animals. A més, una gran diversitat de microorganismes, insectes i altres éssers s´alimenten de la matèria orgànica en descomposició. Per tant, existeix una gran diversitat d´organismes cadascun dels quals té una funció específica dins de l´ecosistema.

En l´agricultura, l´home selecciona els organismes que li són útils i redueix la diversitat d´espècies fins a l´extrem, per exemple, de cultivar-ne una sola. En aquest cas, qualsevol organisme que s´alimenti de l´espècie cultivada i, per tant, disminueixi l´aliment que pot obtenir l´agricultor, és percebuda com a perjudicial i és coneguda com a plaga, malaltia, mala herba o patologia.

Moltes alteracions del creixement normal de l´hortalissa provoquen una collita menor o una menor qualitat del producte. Les causes d´aquestes alteracions poden ser múltiples, però se solen classificar en tres grups:

- *Malalties.* Provocades per microorganismes com fongs i bacteris. En aquest cas no podem observar el culpable de la malaltia i només observarem els símptomes en forma de taques a les fulles, assecaments o polsims blanquinosos.
- *Plagues.* Quan el culpable és un insecte, àcar o un altre animal. Són més fàcils de diagnosticar perquè moltes vegades podrem veure el causant de la plaga.
- *Fisiopaties.* Quan la causa és un desequilibri de la

planta degut al medi ambient; per exemple, la floració prematura de l´enciam causada per les elevades temperatures, o l´avortament de la flor del carbassó per la falta de pol·linització motivada per un reg irregular.

LA PLANTA, LA PLAGA I EL MEDI

A la pràctica la classificació tradicional en plagues, malalties i fisiopaties, no és tan clara, ja que el medi ambient i l´estat de la planta té un paper decisiu en la incidència d´alguns problemes. Per exemple, un adobament excessiu en nitrogen, sobretot amb alguns adobs químics, provoca un augment d´insectes xucladors de la saba de la planta, com és el cas del pugó. També la falta d´alguns nutrients debilita la planta i la fa més sensible a l´atac de fongs i bacteris.

Per tant, davant l´aparició d´una plaga o malaltia important al nostre hort, la primera pregunta que ens hem de fer és si hem tingut prou cura de la nostra hortalissa, si l´hem adobada correctament, si ha estat ben regada i si l´hem cultivat a l´època adequada. Una mancança en qualsevol d´aquests aspectes debilita la planta i fa que sigui més vulnerable a les plagues o malalties. En certa manera, les plagues i malalties tenen sovint una funció de policies de l´hort.

La humitat ambiental és fonamental perquè molts fongs o bacteris que infecten les plantes cultivades puguin desenvolupar-se. L´excés de plantes en el recipient pot dificultar-ne la ventilació i provocar l´aparició d´algun fong a les fulles. En aquest cas, eliminar o esporgar alguna planta pot ser el millor tractament contra la malaltia.

El reg afecta la humitat de l´hort i la propagació de molts fongs. Si es rega per sobre i es mullen les fulles al vespre, la planta es manté humida tota la nit i és més fàcil que hi puguin aparèixer fongs. Si utilitzem un hivernacle o un tendal de plàstic, és molt important ventilar si no volem multiplicar els problemes.

OBSERVAR I DIAGNOSTICAR

Controlar les plantes i adonar-se que tenen un color verd menys intens, un creixement menys vigorós o qualsevol altre símptoma que hi ha alguna cosa que no funciona, només es pot aprendre amb el temps i amb un mínim de capacitat d´observació. Determinar el problema el més aviat possible és important per cercar una solució sense que es vegi afectada la futura collita. Això pot ser senzill si aconseguim observar algun signe del causant del problema, com és el cas d´un insecte com el pugó, però pot ser molt complicat quan la causa no és visible i només n´observem els símptomes.

Consultar un expert o un fòrum d´Internet és un recurs molt útil, però cal saber explicar els símptomes correctament per evitar confusions. A continuació us oferim unes preguntes que us podeu fer davant d´una planta malalta abans de fer una consulta:

Quin és el símptoma principal que s´observa?

- *Clorosi.* Esgrogueïment de la fulla que pot ser que afecti entremig dels nervis, tot el limbe o només la punta.
- *Necrosi.* Teixits morts. Cal fixar-se en la dimensió, la forma de les taques (arrodonides, irregulars, seguint els nervis) i el color, que sol ser marró o negre, però hi pot haver tons vermellosos, blancs, puntets negres, etc. i pot tenir un aspecte greixós, típic d´alguns bacteris
- *Xancre.* Taca la tija i enfosqueix l´escorça de la planta. És típic d´alguns fongs i bacteris.
- *Mal de coll.* Tota la planta es panseix, però el problema s´observa a l´arrel i al coll de la planta, que sol tenir

necrosi. Sovint la planta s´arrenca amb facilitat perquè l´arrel està podrida.

Podridura. Pot afectar qualsevol part de la planta, fruit i flor; pot ser tova o seca.

Assecament. Pot afectar la tija, tota la planta, les puntes de les fulles, etc. Si afecta tota la planta, hem de mirar si es tracta de mal de coll.

Deformació. Recargolament de la fulla, forma poc normal dels brots o entrenusos molt curts.

A quina part de la planta s´observa?

No és el mateix que un símptoma s´observi a les fulles velles, que a les fulles joves o a tota la planta.

A quina part de l´hort?

Si afecta totes les plantes de l´hort és molt probable que el problema sigui en algun aspecte concret, com la falta d´adob o el reg deficient.

Si afecta només una espècie, pot ser que siguin totes les plantes d´aquesta espècie o només unes quantes; en aquest darrer cas, ens hem de fixar si les plantes afectades són a prop unes de les altres, la qual cosa és una pista que es tracta d´una malaltia que es transmet per proximitat, de planta a planta.

Quin temps fa?

A part de l´època en la qual hem observat el problema, cal fer notar si en els darrers dies ha estat plovent bastant o si les temperatures han estat més fredes o més càlides del que és habitual.

Hi ha algun signe del causant?

Cal cercar qualsevol pista que ens acosti al possible causant, com les babes o els excrements del caragol, els excrements de les erugues, filaments d´un fong, les mudes d´un insecte, etc. Una lupa i una mica de paciència pot ser molt útil per a aquesta tasca.

LES DEFICIÈNCIES DE NUTRIENTS

Les deficiències de nutrients solen formar un capítol a part en els llibres que tracten les plagues i malalties. La falta d´un sol dels nutrients essencials causa un creixement defectuós en la planta. En alguns casos aquests símptomes són molt clars i es poden identificar amb facilitat. En altres casos no són tan clars o són diferents segons la planta que afectin.

Nutrient	Característiques	Efectes de carència
Nitrogen.	És el nutrient que la planta necessita en major quantitat. S'elimina fàcilment amb l'excés d'aigua. És molt important per al creixement de les fulles.	Esgrogueïment de les fulles velles.
Fòsfor.	És molt important per a la formació de l'arrel.	És poc habitual que hi hagi carència de fòsfor. Els símptomes són variables segons la planta però solen presentar-se colors vermells o violacis.
Potassi.	La planta en necessita en força quantitat per als òrgans de reserva, com els tubercles, bulbs i fruits.	És poc habitual que n'hi hagi carència. Els símptomes són variables segons la planta. Fulles velles groguenques i puntes cremades.
Magnesi.	Forma part de la clorofil·la de les fulles.	Esgrogueïment entremig dels nervis de les fulles velles.
Calci.	És poc mòbil i alguns substrats orgànics, com la torba, en tenen en molt poca quantitat. L'excés d'aigua afecta l'absorció de calci per l'arrel.	La carència es manifesta a les fulles i gemmes joves, que presenten esgrogueïment del marge. També afecta molt el creixement de les puntes de les arrels.
Ferro.	És un dels micronutrients que es necessiten en menor quantitat. És necessari per crear la clorofil·la.	Les fulles joves presenten un esgrogueïment entremig dels nervis, anomenat clorosi fèrrica.

Deficiències de nutrients.

Davant d´una deficiència d´un nutrient se sol pensar que cal afegir més adob o un adob especialment ric en el nutrient deficitari. A vegades, però, la causa no és l´absència del nutrient. Per exemple, un excés d´humitat al substrat dificulta la respiració de les arrels i, com a conseqüència, l´absorció d´alguns nutrients com el calci. Algunes malalties que afecten les arrels o el coll provoquen deficiències de nutrients.

Els excessos d´adob poden ser una altra causa de les deficiències de nutrients. Per exemple, un excés de nitrogen estimula un creixement desmesurat de les fulles i pot provocar dèficit de nutrients que s´absorbeixen més lentament, com és el cas del ferro.

Si utilitzem adobs orgànics és poc habitual tenir problemes de dèficit de micronutrients. El problema més habitual és la manca d´algun macronutrient, especialment el nitrogen, que és el que la planta necessita en major quantitat i també el que es perd més fàcilment si reguem massa.

LA BIODIVERSITAT COM A DEFENSA

La plaga o la malaltia d´una planta es propagarà fàcilment a les plantes del voltant si són de la mateixa espècie. En canvi, si les plantes del voltant són diferents, serà més difícil que l´insecte, el fong o qualsevol altre agent es propagui. Si, a més, hem tingut cura de posar al costat d´una hortalissa una altra de compatible, no només no es propagarà la plaga, sinó que en alguns casos fins i tot pot dificultar que l´insecte trobi l´hortalissa sensible. Per exemple, és el cas de la mosca de la pastanaga, que hi posa els ous i la seva larva se n´alimenta provocant unes galeries en l´arrel. La ceba té un efecte repel·lent sobre la mosca, de manera que l´associació de la pastanaga amb la ceba resulta molt beneficiosa per prevenir o disminuir l´atac d´aquesta plaga.

Moltes plantes aromàtiques tenen efectes repel·lents sobre diferents insectes. Per exemple, la farigola repèl l´eruga de la col, la caputxina repèl xinxes i pugons de l´api, la sajolida repèl formigues i altres insectes.

Però en un hort petit fet en recipients sovint no ens podrem permetre el luxe de dedicar espai a plantes amb la única finalitat d´augmentar la biodiversitat. Sempre serà més interessant aconseguir aquest efecte amb el cultiu en associació de diferents hortalisses i d´alguna planta aromàtica anual, com és el cas de l´alfàbrega.

ESPÈCIE	EFECTE REPELENT
Pastanaga	Mosca de la ceba
Api	Papallona de la col
All, ceba i porro (liliàcies)	Pugó (algunes espècies) Mosca de la pastanaga
Tomàquet	Cuc de la col (*Hylenya*)
Alfàbrega	Mosques i pugons
Rave	Coleòpter del cogombre
Farigola	Eruga de la col
Orenga	Formigues i mosques

Efectes repelents de diferents plantes sobre algunes plagues.

EL TRACTAMENT DE LES MALALTIES

L´objectiu i les condicions de l´hort al balcó són diferents de les d´un agricultor professional. Els agricultors professionals necessiten comercialitzar la producció i el mercat castiga qualsevol petit defecte de forma o color amb un preu més baix o, fins i tot, no accepta alguns defectes estètics de les hortalisses.

En el nostre petit hort per a l´autoconsum, l´aspecte estètic de la collita passa a segon terme. Això no significa que no puguem ser capaços d´aconseguir cebes o tomàquets amb la mateixa grandària i forma que els del mercat. Però un agricultor urbà de seguida descobreix que el més valuós de la seva collita és el sabor del tomàquet collit madur i menjat gairebé al mateix moment, amb totes les seves vitamines intactes i un sabor sovint excepcional.

L´absència de residus de tractaments químics és un altre valor afegit de la nostra collita. Tenim un control gairebé total de com ha estat produïda la verdura i la seguretat que no s´han fet tractaments químics agressius amb el medi ambient i que no hi ha cap residu que pugui ser perjudicial per a la nostra salut.

Només en cas de necessitat realitzarem tractaments.

Finalment cal tenir en compte que l´hort del balcó sol tenir unes dimensions petites, d´unes quantes jardineres que poden arribar a ocupar alguns metres quadrats com a molt. En un hort tan petit, davant la presència d´una plaga o malaltia, sovint és més pràctic i eficaç una actuació manual que no pas preparar un producte insecticida o fungicida. Per exemple l´esporgada de les fulles o brots malalts és la forma de lluita que s´hauria d´utilitzar més en un hort urbà. Fins i tot en el cas de l´atac d´erugues que es mengin les fulles d´algunes verdures és menys laboriós eliminar-les manualment que fer un preparat insecticida, que no sempre és del tot efectiu.

A vegades hi ha horticultors urbans que esmercen molts esforços en salvar una planta malalta, quan potser el més pràctic és eliminar la planta i començar un altre cultiu. Aquesta decisió sap menys greu quan en el nostre recipient tenim una barreja de diferents plantes i el fracàs d´una es veu compensat pel creixement de les altres hortalisses.

Com a darrer recurs, pot ser útil l´aplicació d´algun producte que actuï contra la plaga o la malaltia. Existeixen molts preparats a partir de substàncies naturals, amb acció protectora o curativa sobre diferents malalties. A continuació mostrem algunes de les fórmules més senzilles de preparar a casa i que poden ser útils per a l´hort urbà.

Als comerços es poden trobar alguns productes fitosanitaris amb la denominació bio, ecològic o natural. El fet de tenir un origen natural no eximeix un producte de la possibilitat de ser tòxic o perjudicial per a la fauna útil o per a l´home. La llista de vegetals amb efectes tòxics per a l´home és molt àmplia. Com a mesura de precaució, sempre que vulguem fer un tractament amb un extracte vegetal, hem de llegir les instruccions i utilitzar les mesures de seguretat pròpies de tots els productes fitosanitaris, mascaretes i vestuari de seguretat.

No som partidaris dels tractaments químics, encara que siguin biològics. Però és comprensible que quan un horticultor urbà es troba un problema greu a l´hort, per exemple una invasió de pugons que amenaça una part important de la feina que li ha costat tant de temps, cerqui algun producte per solucionar el problema ràpidament. Per als usuaris que vulguin acostar-se a una botiga especialitzada, comentem tot seguit els productes autoritzats per a l´agricultura ecològica i que es poden trobar fàcilment en presentacions per a ús domèstic.

- *Extracte de Nim*. És un insecticida contra pugons i erugues que prové de les llavors de l´arbre del Nim (*Azadirachta indica*), un arbre originari de zones subtropicals de l´Àsia. Afecta els insectes impedint que realitzin la muda i també com a repel·lent. És molt inofensiu per a les persones.
- *Pelitre*. És un extracte vegetal de flors de *Tanacetum cinerariifolium*, amb acció insecticida, que s´utilitza contra pugons, erugues i mosca blanca. Paralitza ràpidament el sistema nerviós dels insectes.

ESPÈCIE	PREPARAT	APLICACIÓ	EFECTE
Camamilla (*Matricaria camomilla*).	Infusió de 50 g de flors per cada litre d'aigua.	Es polvoritza diluïda amb nou parts d'aigua.	Reforçant de plantes. Protegeix contra el míldiu.
Cua de cavall (*Equisetum arvense*).	Es fa una decocció deixant en remull 20 g de planta seca per litre d'aigua amb 5-10 g de silicat de sosa durant un dia i després es bull durant 20 minuts. Es cola.	Es polvoritza diluïda amb nou parts d'aigua. Convé fer el tractament a ple sol.	Protegeix contra fongs tot tipus d'hortalisses.
All (*Allium sativum*).	Es fa una infusió amb 50 g de grans d'all per cada litre d'aigua.	Es polvoritza, diluïda amb 4 parts d'aigua, a ple sol i durant uns quants dies seguits.	Contra bacteris, fongs, pugons i àcars.
Tomàquet (*Lycopersicum esculentum*).	Es bull un grapat de brots tendres en aigua i es barreja amb sabó.	S'aplica directament, barrejat amb sabó.	Contra pugó, erugues i repel·lent d'insectes en general.
Carxofa (*Cynara scolymus*).	Es bull 100 g de fulles en 1 litre d'aigua.	S'aplica directament.	Contra algunes espècies de pugó.
Ortiga (*Urtica urens* o *Urtica dioica*).	Es deixa fermentar durant dues setmanes, en un litre d'aigua, 20 g de planta seca o 100 g de planta verda, sense les arrels. Es cola i es pot conservar.	Es barreja amb 9 parts d'aigua i es polvoritza damunt la planta.	Efecte reforçant de les plantes i contra els pugons.
Sabó de potassa.	Es dilueix 20 cc en un litre d'aigua.	S'aplica directament a les fulles. Es pot barrejar amb algun altre preparat.	Contra pugons i altres insectes xucladors.

Fórmules curatives casolanes.

- *Rotenona*. És un insecticida que s´extreu d´algunes plantes lleguminoses d´origen tropical, com les del gènere Derris. És un insecticida molt potent que no respecte la fauna útil i que és tòxic per a peixos. Alguns estudis la relacionen amb efectes tòxics a llarg termini per a les persones. Per aquestes raons, alguns agricultors ecològics no són partidaris d´utilitzar-la. Serveix contra pugons, erugues i altres insectes perjudicials i àcars.
- *Sofre*. Fungicida contra l´oïdi, té un cert efecte contra alguns àcars. N´hi ha per aplicar directament en pols sobre la planta (empolvorar) o en solució líquida.
- *Coure*. La forma més habitual de trobar-lo és el sulfat de coure. És un fungicida i bactericida preventiu contra moltes malalties, especialment interessant per prevenir el míldiu. Molt utilitzat des de l´època dels romans fins a l´actualitat en forma del tradicional Caldo Bordelès.
- *Bacillus thuringensis*. És un bacteri que parasita erugues de lepidòpters. És un producte car i molt específic. No es justifica el seu ús en un hort petit.

MALALTIES I PLAGUES DE BALCÓ

En general els problemes que poden patir els horts dels balcons o terrats no són massa diferents dels que poden patir els horts normals. Però com que el cultiu en recipients és més delicat, sobretot pel que fa al reg o l´adobament, pot ser que hi hagi més problemes derivats d´un maneig deficient d´aquests aspectes, com és el cas de la floració prematura o de deficiències d´alguns nutrients. D´altra banda, hi ha altres problemes que solen ser menys freqüents que en els horts normals, per exemple tots els relacionats amb plagues del sòl com nematodes o alguns insectes.

La situació de l´hort pot ser un aspecte important que afecti la incidència d´algunes plagues. Per exemple, els horts urbans que estiguin situats en terrats molt elevats serà difícil que tinguin problemes de caragols, llimacs o formigues, mentre que en alguns terrats els gats o els ocells poden esdevenir plagues importants i difícils de combatre.

A continuació us descrivim les plagues més habituals en les hortalisses cultivades en terrats i balcons.

Insectes

Els insectes són éssers vius que es caracteritzen per tenir un esquelet extern, tres parells de potes i un parell d´antenes. Es reprodueixen mitjançant ous, d´on surten les larves que, a mesura que van creixent, canvien l´esquelet extern per un de més gran. És el que es coneix com a muda. Alguns insectes canvien molt el seu aspecte amb el pas de larva a adult en un procés que s´anomena metamorfosi, típic en les papallones, que passen d´eruga (estadi larval) a la papallona adulta.

Pugó

Sens cap mena de dubte és la plaga més habitual dels horts. No passa cap primavera sense que apareguin els pugons sobre les fulles i els brots de les nostres hortalisses, especialment en les lleguminoses (fava, mongeta i pèsol).

Són insectes de petites dimensions, d´ 1 a 3 mm, amb el cos amb forma de pera, es bellugen lentament i s´alimenten xuclant la saba de les plantes.

Són molt voraços i segreguen un líquid, la melassa, per eliminar l´excés de sucre que xuclen de la planta. Les formigues protegeixen i transporten els pugons per alimentar-se de la melassa. Per tant, la presència de formigues és un indicador de l´atac de pugons. Si l´atac perdura molt, apareix un fong, la fumagina, que s´aprofita d´aquestes secrecions i dona un aspecte negrós a les fulles i als brots. Un altre símptoma molt característic és que els brots i les fulles afectades per la presència de pugó s´arruguen i es recargolen.

Pugó.

Els ous es desclouen a la primavera i donen lloc a femelles sense ales que es reprodueixen asexualment. Això els permet multiplicar la població molt ràpidament fins arribar a infestar les fulles i els brots joves de la planta. Un pugó pot arribar a produir més de 150 cries, que en una setmana ja són adultes i poden començar a reproduir-se de nou. La colonització de la planta és molt ràpida. Durant aquest procés apareixen femelles amb ales que difondran la plaga a d´altres plantes properes.

Els pugons tenen molts depredadors. En aquest sentit, és molt conegut el paper de les marietes, especialment les larves.

Per controlar la població de pugons en algunes plantes és possible esporgar els brots més afectats o fer eliminacions mecàniques, raspallant les fulles o els brots amb un pinzell petit.

Alguns dels tractaments que poden ajudar a reduir la població de pugons serien els preparats d´ortiga, lavanda, all, Nim o Pelitre.

Planta de fava afectada per pugó.

Mosca blanca

Tot i que no és pròpiament una mosca, se la coneix amb aquest nom per la forma, que és molt petita, d´1,5 mm de longitud. L´adulta té dos parells d´ales i una mena de cera en forma de pols blanca que li cobreix el cos i la protegeix de la dessecació i també d´alguns tractaments insecticides. Les larves no tenen ales i són immòbils. Tant les larves com els adults xuclen la saba de la planta i segreguen substàncies amb un alt contingut de sucre. Com en el cas dels pugons, aquestes secrecions atrauen les formigues i poden provocar la presència de la fumagina, un fong que ennegreix les fulles i brots.

La mosca blanca és un insecte originari de l´Amèrica tropical i, per tant, es desenvolupa molt bé en èpoques càlides o en hivernacles. En l´hort urbà és normal que aparegui a l´estiu, especialment si és sec, sobre tomaqueres i cucurbitàcies (cogombre, carbassó, carbassa i meló). Si tenim un atac molt important de mosca blanca, podem tractar amb sabó potàssic i, si cal, barrejat amb un insecticida com el Nim.

Formigues

Les formigues poden ser un problema quan fan el niu en el recipient de cultiu, ja que perjudiquen el desenvolupament de les arrels. També produeixen danys indirectes perquè protegeixen els pugons, les mosques blanques i altres insectes xucladors per aprofitar-se de les secrecions ensucrades que produeixen. En el cas dels pugons, fins i tot poden transportar-los.

Hi ha vàries substàncies que repel·leixen les formigues. El mètode més senzill és escampar marro del cafè. També funcionen els preparats a base d´espígol o d´alzina. En tots els casos cal repetir el tractament unes quantes vegades.

Erugues

Totes les papallones, (lepidòpters), abans no arriben a adultes tenen un estat larval en forma d´eruga. Així com les papallones s´alimenten del nèctar de les flors, les larves sovint són herbívores i algunes són unes plagues importants per a les hortalisses. Les més habituals són les de la família dels noctuids que, com el seu nom indica, són papallones que volen de nit. En general no són una plaga molt habitual dels terrats i balcons, però quan apareixen poden ocasionar danys importants.

Alguns exemples d´erugues que poden causar plagues:

- *Cuc perforador del blat de moro* (*Ostrinia nubialis*). S´alimenta de les fulles i perfora les tijes del blat.
- *Cuc perforador del tomàquet* (*Heliotis armigera*). S´alimenta de la baia del tomàquet perforant-la.
- *Els cucs grisos*. Són espècies que viuen enterrats a terra, tenen activitat nocturna, i s´alimenten d´arrels i tiges.
- *Cuc de la col*. És un defoliador molt voraç.

La primera mesura de control de les erugues d´un petit hort al balcó és eliminar-les manualment. Alguns preparats poden actuar com a repel·lents dels adults, evitant que posin els ous a les nostres plantes.

Mosques

Les mosques són insectes que pertanyen a l´ordre dels dípters i es caracteritzen perquè els adults tenen dues ales en lloc de les quatre que són habituals en els altres insectes alats. Com a plaga de l´hort només algunes larves de mosques poden causar problemes a alguna hortalissa. A diferència de les erugues de les papallones, les larves de les mosques no tenen potes i sovint són més petites. Algunes de les mosques que poden causar danys a l´hort són les següents:

- *La mosca de la pastanaga.* L´adult posa els ous a prop de la pastanaga o de l´api. L´ou dóna lloc a una larva que s´alimenta de l´arrel i forma un galeria molt petita.
- *La mosca de la col.* L´adult posa els ous en el coll de la planta i després de descloure´s la larva penetra a la tija i pot arribar a matar la planta. Afecta tot tipus de cols.
- *La mosca de la ceba.* A diferència de les altres, la larva s´alimenta de les parts verdes de la planta de la ceba, l´all o el porro.
- *Les típules.* Són dípters que tenen aspecte de mosquit de gran dimensió. Posen els ous a terra i les seves larves s´alimenten de tot tipus d´arrels.

El millor mètode de lluita contra aquestes plagues és fer una bona associació de cultius que les eviti i que despisti els individus adults a l´hora de trobar la planta hoste.

Fongs

Els fongs són éssers microscòpics i, a diferència dels insectes, no els podem veure directament. Per tant, la identificació de la malaltia se sol fer a partir de la observació dels símptomes causats a la planta.

La majoria de fongs necessiten un cert grau d´humitat ambiental per desenvolupar-se. Per això molts estan associats a un reg excessiu o a una densitat de plantes que dificulta la ventilació de les fulles.

Oïdi

Fulla de carbassó afectada d'oïdi.

S'anomena també cendrosa perquè provoca unes taques a les fulles, de color blanc o grisós i d'aspecte farinós, que recorden la cendra. Si la malaltia es troba avançada, es poden observar les fructificacions del fong en forma de boletes esfèriques, que contenen les espores.

És una malaltia bastant freqüent a les cucurbitàcies (carbassa, carbassó, cogombre i meló), sobretot cap al final de l'estiu. També pot afectar altres hortalisses, com la bleda i l'espinac.

El primer que es pot fer quan detectem aquesta malaltia és eliminar les fulles malaltes i millorar la ventilació de l'hort suprimint alguna planta o esporgant alguns brots. En casos molt extrems es pot fer un tractament amb sofre en pols.

Míldiu

Tomaquera infectada de míldiu.

El míldiu fa referència a un grup de fongs, els oomicets, que infecten moltes hortalisses diferents a través de l'aigua de reg i la pluja i provoquen símptomes bastant variats. En les solanàcies (albergínia, patata, pebrot i tomàquet) provoquen taques irregulars que al principi tenen un aspecte greixós i que acaben assecant tota la fulla. El revers presenta un aspecte lleugerament blanquinós. També pot afectar la tija de les plantes i infectar els fruits, començant per la part superior.

Esporgar i eliminar les fulles afectades és la primera acció que haurem de realitzar. El tractament amb sulfat de coure és un bon preventiu d´aquestes infeccions.

Àcars

Els àcars formen part, juntament amb les aranyes, els escorpins i les paparres, de la classe dels aràcnids. Es diferencien dels insectes perquè posseeixen quatre parells de potes. Els àcars són animals molt petits, alguns microscòpics. Sovint són depredadors d´altres insectes, però alguns, com l´aranya roja, perforen les fulles dels vegetals i s´alimenten xuclant-ne la saba.

L´aranya roja

És una plaga típica de ple estiu i provoca unes petites taques groguenques a la fulla.

L´àcar és difícil de veure a simple vista, ja que fa 0,5 mm de llargada. Es tracta d´una plaga poc habitual als terrats i balcons, però quan apareix és difícil d´eradicar. El més recomanable és eliminar les plantes malaltes. Si volem eliminar la plaga, podem fer tractaments amb Nim i sofre, que en faran disminuir la població.

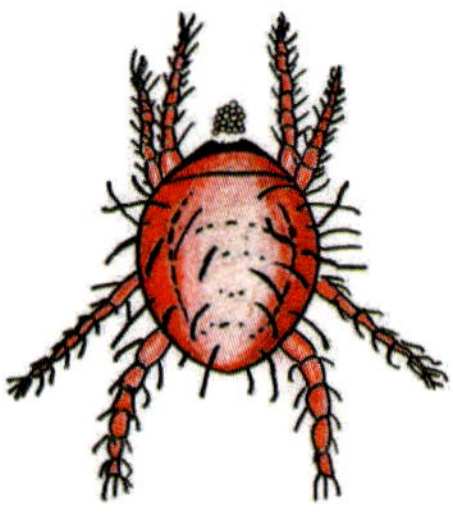

Aranya roja.

Altres

Ocells

Els ocells són una plaga important en molt horts de ciutat. L´espècie més habitual és el pardal, que pica les fulles de les hortalisses, especialment l´enciam, com a font d´aigua.

Hi ha vàries tècniques per foragitar els ocells de l´hort. Penjar CDs o cintes de colors que es moguin amb el vent és una estratègia que funciona bastant bé, tot i que a vegades els ocells s´hi acaben acostumant. En casos extrems podem recórrer a protegir tot l´hort amb una xarxa.

Gats

En alguns barris els gats poden ser una molèstia important. No fan cap mal directe a la planta, però remouen la terra dels recipients i hi deixen les seves excrecions. A més solen utilitzar el mateix lloc diverses vegades.

Hi ha pocs mètodes per lluitar contra el dany causat pels gats. Les mesures que es poden prendre es basen sovint en posar obstacles que dificultin o n´evitin l´accés, com xarxes o malles. Les ampolles plenes d´aigua tenen la fama de fer-los fugir però és un mètode poc efectiu.

Cargols i llimacs

Només són un problema en horts urbans propers a jardins o patis humits. De nit o en dies plujosos surten a menjar les fulles i fruits de moltes de les hortalisses i poden arribar a ser una plaga molt important. En moltes plagues només en podem observar els efectes, sense saber del cert qui és el culpable de les destrosses. Però en el cas dels caragols i els llimacs, aquests deixen un rastre de mucosa que els delata.

Els cargols poden ser un greu problema.

Als cargols no els agrada gens la cendra. Si n´escampem una capa per sobre del contenidor o al voltant de les hortalisses evitarem que s´hi acostin.

Una altra estratègia que funciona molt bé és la de posar trampes. Es pot fer amb un got enterrat i ple de cervesa. La olor de la cervesa atrau els cargols i els llimacs, que cauen dins del got i no poden sortir-ne.

http://www.horturba.com: Es dedica únicament al cultiu en balcons i terrats. Hi trobareu consells, fitxes de cultius, calendaris i una botiga virtual des de la qual podreu adquirir tots els productes necessaris per al cultiu en terrats: taules de cultiu, substrats, adobs, llavors, etc.

http://www.terra.org: És la web de la Fundació Terra, una ONG ecologista on trobareu informació sobre energia solar, estalvi d´aigua, el balcó comestible, consum responsable i també una botiga virtual des de la qual adquirir productes ecològics.

http://www.vidasana.org: L´organització Vida Sana es dedica a promoure l´agricultura ecològica i el consum responsable. Hi trobareu alguns consells de cultiu ecològic i també informació sobre la fira de Biocultura, que se celebra a Madrid i a Barcelona, i és un lloc ideal per trobar-hi molts complements per fer l´hort al balcó.

http://www.infojardin.com: És una web de referència per a tots els afeccionats a la jardineria. Hi ha molta informació de plantes, hortalisses i plagues i un fòrum des del qual compartir l´experiència amb altres afeccionats a les plantes.

http://www.meteocat.net: La web del Servei Català de Meteorologia.

http://www.totcompost.com: Tot Compost és una empresa dedicada a fomentar el reciclatge mitjançant el compostatge. Hi trobareu informació sobre el compostatge i l´agricultura urbana.

http://www.greenguerillas.org: Green Guerrillas és un exemple mític de la lluita per a la recuperació i preservació d´espais verds a la ciutat de Nova York.

http://www.esporus.org: El centre de conservació de la biodiversitat cultivada, és una iniciativa per la conservació i divulgació de varietats locals d´ hortalisses.

http://www.botanical-online.com: Per als qui vulguin ampliar els seus coneixements de botànica, aplicacions medicinals, propietats nutricionals i història de les plantes.

http://www.perlhorta.org: La web del col·lectiu valencià Per l´Horta, que lluita per preservar l´agricultura periurbana contra l´especulació del sòl. Cada any organitzen una universitat d´estiu molt interessant. Per als qui vulguin implicar-se socialment.

http://bah.ourproject.org/: La web del col·lectiu madrileny de Bajo el Asfalto Está la Huerta (BAH!), dedicat a l´agroecologia i a promoure un model alternatiu de producció i consum de productes agrícoles. Per als qui vulguin anar més enllà.

http://www.ecohabitar.org: La revista Ecohabitar te una web interesant sobre permacultura, bioconstrucció i sostenibilitat en la qual hi trobareu molts articles, informació i enllaços interesants.

Absorció de nutrients. Procés pel qual els nutrients que estan solubles al sòl o al substrat passen a l´interior de la planta a través de les arrels.

Arrel nua. Sistema de producció de planter en què s´arrenca la planta amb l´arrel sense pa de terra; només es pot utilitzar en aquelles plantes que tenen una bona capacitat de regenerar les arrels malmeses durant el procés.

Asfíxia radical. Malaltia causada per la falta d´oxigen a les arrels, pot ser deguda a un excés d´aigua o a la compactació del substrat.

Asprar. Posar un aspre, o sigui, un pal o una canya per sostenir la hortalissa. Se sol fer en tomaqueres, mongeteres, pesoleres i cogombreres, entre d´altres.

Autògama. Planta la flor de la qual es fecunda amb el seu mateix pol·len. Per exemple el tomàquet, l´enciam o les lleguminoses són autògames. El contrari, quan la fecundació de la flor ha de provenir de pol·len d´un altre individu, s´anomena al·lògamia.

Bianual. S´anomenen així les plantes que tenen un cicle de cultiu de dos anys. El primer any solen créixer les parts vegetatives de la planta, i el segon any, després de l´hivern, produeixen les flors i les llavors. La majoria d´hortalisses bianuals es cultiven només durant el primer any, per aprofitar els òrgans vegetatius o les fulles, per exemple, la ceba, la pastanaga o la bleda.

Calçar. Cobrir amb tema una planta o part d´ella. Els agricultors solen calçar les patates per augmentar-ne la formació i així evitar que verdegin. També acostumen a calçar l´api i l´escarola per blanquejarlos. En el cultiu en recipients és una operació difícil ja que, aquests recipients, disposen de poc substrat.

Cèl·lula. És la unitat que forma els teixits de les plantes i animals. En el cas dels vegetals, té una paret que dóna rigidesa a la cèl·lula i, per extensió, a tota la planta. Per a la rigidesa de la planta és important que la cèl·lula estigui plena d´aigua.

Circell. Fulla modificada en forma de filament, que permet a algunes plantes subjectar-se i emparrar-se per aspres, estructures o altres plantes. El meló, la síndria, el cogombre i la carbassa en disposen.

Compost. Matèria orgànica que ha patit el procés de compostatge, rica en humus.

Compostatge. Procés de descomposició de la matèria orgànica.

Dioica. Fa referència a les espècies vegetals que tenen flors unisexuals, unes masculines i les altres femenines. En plantes dioiques, com el kiwi, és molt important preveure la plantació de peus masculins i femenins per tal d´asegurar-ne la pol·linització i la producció de fruits. No existeixen gaires hortalisses dioiques; l´espinac n´és una d´elles.

Eixam (sembrar en eixam). Distribuir les llavors uniformement en el recipient de cultiu. És oposat a sembrar en fileres.

Espiralització de l´arrel. És el creixement en espiral de les arrels quan viuen molt de temps en un recipient, sobretot si aquest és rodó.

Esponjar (el substrat). Remoure el substrat per fer-lo més porós. És una pràctica necessària una o dues vegades a l´any.

Esqueix. Part d´una planta, habitualment un troç de tija o una fulla, que es separa amb la finalitat de reproduir-la. La planta de la qual es talla l´esqueix s´anomena planta mare.

Estoma. Estructura de les plantes que regula l´intercanvi de gasos. Està formada per dues o més cèl·lules, sovint amb forma de mongeta, que tenen la capacitat d´obrir o tancar una obertura que hi ha entre elles. Permeten controlar la pèrdua d´aigua en situacions d´estrès hídric.

Estrès hídric. Situació en la qual una planta pateix manca d´aigua. En situacions crítiques va acompanyat de marciment de les fulles.

Fauna útil. Fa referència a qualsevol organisme que col·labora en el control d´alguna plaga o malaltia. Normalment es tracta de depredadors de plagues, com és el cas de la marieta, que s´alimenta dels pugons.

Fitosanitari. Fa referència a sistemes, productes o mètodes per tractar els problemes de plagues i malalties de les plantes.

Folíol. Cadascuna de les divisions o fulletes de les fulles compostes. Les lleguminoses (faves, mongetes i pèsols) tenen fulles compostes per folíols.

Fotoperíode. Durada relativa dels períodes de claror i de foscor diaris a què són sotmesos els organismes. En les plantes, el pigment responsable de la resposta al fotoperíode és el fitocrom. El fotoperíode influeix sobre molts processos fisiològics de les plantes; així s´esdevé, per exemple, en la floració dels crisantems que requereix un dia curt, o la formació del bulb de la ceba, que requereix un dia llarg.

Humus. És el residu provinent de la descomposició de restes orgàniques per l´acció d´organismes vius, com bacteris, fongs, insectes i altres. Acostuma a tenir un color fosc. L´humus és un element positiu per al creixement de les plantes perquè augmenta la retenció d´aigua del substrat, i la seva descomposició o mineralització allibera substàncies nutritives indispensables per al creixement dels vegetals.

Latència. També s´anomena dormició. És un estat de la llavor durant el qual no germina, encara que tingui humitat. Es considera una adaptació d´algunes plantes per assegurar la supervivència del planter, ja que així és més segur que germini en una època de bones condicions.

Lixiviat. Aigua i substàncies dissoltes o arrossegades per l´aigua, que surten per sota d´un recipient de cultiu o d´una pila de compost a causa de l´excés d´humitat.

Lluc. També anomenat rebrot o tany. Són branques d´arbres que creixen molt ràpidament com a reacció a una poda excessiva. S´anomenen així perquè el seu creixement va en contra de la producció de fruits o flors.

Macronutrient. Element químic que la planta necessita en quantitats relativament grans per créixer correctament. Són el carboni, l´hidrogen, l´oxigen, el nitrogen, el fòsfor, el potassi, el sofre, el calci i el magnesi.

Macroporus. Són els espais més grans entre les partícules de substrat o de sòl que, després de regar, alliberen l´aigua per gravetat i queden ocupats per aire.

Metalls pesants. Elements químics metàl·lics molt estables i d´elevat pes molecular que són contaminants. S´acumulen en els organismes a través de les cadenes tròfiques i tenen efectes tòxics a llarg termini. Són metalls pesants el mercuri, el plom, l´arsènic i el cadmi. Els fangs de depuradora en poden tenir concentracions més o menys elevades.

Micronutrient. Element químic que la planta necessita com a nutrient en quantitats relativament petites. Els més importants són el ferro, el manganès, el coure, el molibdè, el clor i el zinc.

Microporus. Són els espais més petits entre les partícules de substrat o de sòl que, després de regar, retenen aigua.

Molsa sphagnum. És un gènere de molsa que creix en els climes freds del nord d´Europa; la seva acumulació i descomposició lenta dóna lloc a les torbes sphagnum, materials orgànics, fibrosos i de pH àcid, que s´utilitzen com a substrats de cultiu en horticultura.

Monoica. Fa referència a les espècies vegetals que tenen les flors femenines i masculines a la mateixa planta. És el cas del blat de moro i de les cucurbitàcies, com la carbassa, el carbassó, la síndria, el cogombre i el meló.

Partenocàrpia. Producció de fruit sense que hi hagi hagut fecundació de la flor. Sol donar lloc a fruits sense llavor.

Pèl radical. Són expansions de les cèl·lules externes de les arrels, que formen milers de pèls molt petits. Permeten augmentar la superfície d´absorció d´aigua i nutrients.

Plàntula. Planta en els primers estadis de desenvolupament. En el cas de les dicotiledònies, que són totes les hortalisses menys el blat de moro, és característica la presència de dues fulles embrionàries, que ja estaven formades dins la llavor. Aquestes fulles, anomenades cotiledons, tenen una forma diferent de les fulles normals, són més carnoses perquè tenen moltes reserves, i s´acaben assecant quan la planta ja n´ha obtingut tots els nutrients.

Pol·len. Té aspecte de pols, de diferents colors, segons el vegetal de què es tracti, i conté les cèl·lules que fecundaran la part femenina de les flors (òvuls). En la majoria de vegetals, és transportat pel vent o pels insectes.

Pol·linització. Procés de transferència dels grans de pol·len des dels estams de la flor fins a l´ovari i que permet la fecundació. En algunes plantes és necessari que es doni la fecundació perquè es produeixi fruit (tomàquet, carbassó), mentre que en altres el fruit es produeix amb independència de la fecundació de la flor (cogombre).

Respiració. Procés d´obtenció d´energia a partir de la descomposició de sucres o altres molècules tot consumint oxigen.

Substrat. Qualsevol material que podem utilitzar per omplir un recipient de cultiu i que pot permetre el desenvolupament de les arrels de la planta. Els substrats poden aportar nutrients a la planta o ser completament inerts.

Tarpuna. Significa «sembrar» en llengua quéchua. És el nom de l´empresa de l´autor que realitza cursos i tallers de l´hort al balcó.

Trasplantar. Procés de moure una planta del seu lloc a un altre perquè hi arreli; habitualment es fa d´un recipient a un altre de més gran o també al sòl.

Vegetal. Ésser viu pluricel·lular que s´alimenta mitjançant la fotosíntesi.

Vernalitzar. Passar necessàriament un període de temperatures baixes per poder fer la flor posteriorment. És una adaptació d´alguns vegetals de cicle bianual, com la coliflor, la ceba o la pastanaga, per assegurar-se la producció de la flor després de l´hivern.